KB120330

우리는 왜
세습에
열중하는가

재벌의 세습경영과
한국경제의 미래

나남
nanam

나남신서 2007

우리는 왜 세습에 열중하는가
재벌의 세습경영과 한국경제의 미래

2019년 7월 15일 발행
2019년 7월 15일 1쇄

지은이   유재용
발행자   趙相浩
발행처   (주) 나남
주소   10881 경기도 파주시 회동길 193
전화   (031) 955-4601(代)
FAX   (031) 955-4555
등록   제 1-71호 (1979.5.12)
홈페이지   http://www.nanam.net
전자우편   post@nanam.net

ISBN 978-89-300-4007-5
ISBN 978-89-300-8655-4 (세트)

나남신서 2007

우리는 왜
세습에
열중하는가

재벌의 세습경영과
한국경제의 미래

유재용 지음

나남
nanam

머리말

재벌 총수 일가는 대한민국 최고의 뉴스메이커들이다. 이 책을 쓰는 동안에도 워낙 많은 일들이 일어나서 따로 최근에 일어난 일들을 모아 정리할 필요가 있을 정도이다. 2019년 들어서 이들과 관련해 난 기사들을 보자.

- 이부진 삼성그룹 부회장 프로포폴 상습투약 의혹

- 삼성바이오 회계조작, 그룹 차원 개입 의혹 드러나

- 금호그룹 재정악화로 아시아나 매각 발표

- 조양호 전 한진그룹 회장, 일가의 갑질 의혹 가운데 사망

- 조원태 대한항공 회장 취임, 3세 경영 개막

- 조양호 회장 부인 이명희 씨와 장녀 조현아 씨 외국인 도우미 불법 고용 혐의로 법정 출석 — 이명희 씨, "엄마가 미안해"

• SK 3세 최모 씨, 현대가 3세 정모 씨 마약 상습투약 혐의 구속

• 호텔 이름(글래드) 하나로 30억 챙긴 대림 일가 고발

2019년이 절반도 가기 전에 일어난 일들이다. 연말이 되면 이 기사 목록은 두 배 이상으로 늘어나 있을 것이다. 삼성바이오로직스 회계조작 의혹 같은 사건은 휘발성이 엄청나다. 아마존 Amazon 창업자로 미국 최고의 갑부인 제프 베조스Jeff Bezos는 이 기간 조강지처에게 40조 원을 주고 이혼한 것으로 화제가 됐다. 쉽게 말해 저쪽 경영자와 그 일가에 관한 뉴스는 연예면에 나고, 우리 쪽 뉴스는 사회면을 장식한다. 기사 목록에서 볼 수 있듯, 우리나라의 재벌 총수와 그 일가는 끊임없이 불법에 개입되면서도 계속 경영권을 이어 가고 있다.

우리는 이대로 괜찮은 것인가?

두말할 나위 없이 대기업과 이른바 재벌들이 우리나라에서 차지하는 비중은 절대적이다. 이런 나라는 전 세계적으로 없다고 단언할 수 있다. 그만큼 재벌 일가는 우리가 원하든, 원하지 않든 한국 경제에 가장 중요한 사람들이라 해도 과언이 아니다. 대통령은 5년마다 그만두지만, 재벌 총수 일가는 4대까지 이어 가면서 우리 경제를 이끌고 있다. 선출한 사람들, 능력으로 그 자리에 오른 사람들이 아니라 가업으로 자리를 승계한 사람들이 이

렇게 한 나라의 운명을 좌우한다는 것은 매우 독특한 일이다. 독특하다는 말은 상당히 외교적인 용어이다. 그런데 이렇게 당연한 것을 얘기하면서 마치 혁명적인 얘기를 한 것 같고, 반체제적인 말을 한 것 같기도 하고, 이런 말을 해도 되는가 하는 생각이 드는 것은 또 왜인가?

한국은 즐거운 지옥이라고들 한다. 워낙에 많은 일들이 일어나서 나쁜 일에 어느 정도 사회적으로 불감증이 형성된 듯하다. 사람 몸도 그렇지만 아픈 것을 느껴야 병원에 가고, 병원에 가야 치료가 된다. 우리나라에는 재벌 총수와 관련하여 앞서 열거한 것과 비슷한, 혹은 더 심한 일들이 수십 년간 지속적으로 일어나다 보니 어느 정도 이런 일들을 당연하게 여기는 분위기가 만들어진 것이다.

이 책은 이런 '당연'(?) 한 것들에 대한 의문에서 시작됐다. 정말 이대로 우리는 괜찮은 것인가? 왜 우리 기업들은 선진국들과 다른 형태로 경영되고 있는가? 그것은 우리의 장점인가, 단점인가? 무엇보다, 이런 시스템으로 우리는 선진국이 될 수 있는가? "경제가 침체하고 있는데 선진국은 무슨?"이라는 말을 들을 수 있겠다. 그렇다면 말을 바꿔 보자. 우리는 이런 시스템으로 지금의 침체를 벗어날 수 있는가?

이 질문에는 형사사건에 당연히 수반되는 도덕적 문제는 물론이고 경제적 효율성, 국가 차원의 도덕적 자존감 등 다양한 요소들이 내포돼 있다. 우리는 이렇게 대단히 복합적이고 사회적 파급력이 큰 문제에 대해 너무나 오랫동안 불감증을 앓아 온 것 같다. 들어가 있는 목욕탕의 수온을 서서히 높이면 뜨거운 줄을 모른다. 지나치게 높은 수온보다 뜨거운 줄을 모르는 것이 어찌 보면 더 큰 문제이다. 탕 안에서 나올 생각을 하지 않게 되기 때문이다.

올해가 채 반이 가기도 전에 일어난 이 많은 사건들은 우리에게 탕에서 나오라고 소리치는 신호인지도 모른다. 이 책이 그런 것을 지각하는 데 조금이나마 도움이 되었으면 하는 바람이다.

2019년 6월

유 재 용

우리는 왜
세습에
열중하는가

재벌의 세습경영과
한국경제의 미래

차 례

제2장　한국 경제는 왜 발전했는가

제5장 대안은 무엇인가
세습주의에서 적자우선주의로

제1장

왜 경제는 성장을 멈췄는가

누구의 탓인가

경제위기란 말은 들은 지가 오래다. 그런 의미에서, 보다 정확하게는 만성적 경제 무력증이라 해야 할 것이다. 외환위기를 극복했지만 이후 우리나라 경제에서는 예전 같은 활력을 찾기가 힘들다. 역대 정부들이 경제 대책을 내놓았지만 우리가 한때 시간 문제라고 여겼던 선진국 진입은 이제 불가능한 것처럼 보인다. 오히려 우리가 어떻게 선진국이 될 수 있다는 건지, 지금으로서는 상상이 잘 가지 않는다.

잘나가던 우리나라 경제는 IMF 외환위기를 계기로 자신을 돌아봐야 하는 시간을 맞는다. 돌이켜 보면 그 체제로는 어차피 선진국 경제로 올라서기가 어려웠던 것이 사실이다. 이후 부실기업을 정리하고 신용카드를 대량 발급하면서 소비를 촉진하기도 했고, 외자를 유치하면서 상처를 봉합하기는 했다. 그래도 경제 성장은 예전 같지 않다. 경제가 회복됐다기보다는 기술적으로 반등했다는 표현이 적합한 것처럼 느껴진다. 전 세계적으로 유행한 신자유주의 정책을 흉내 내보고, 지푸라기를 잡는, 혹시나 하는 심정으로 건설회사 사장 출신을 대통령으로 뽑기도 했다. 신자유주의 정책이 양극화라는 현상으로 나타나자 이에 대한 반성에서 아랫목보다는 윗목을 달궈 보자며 소득주도 성장이라는 개념을 도입하기도 했다.

하지만 여전히 터널의 끝이 보이지 않는다. 실업률, 특히 청년층 실업은 사회 전체를 암울하게 하고, 청년들은 결혼도 하지 않고 아이는 더구나 낳지 않는다. 출생률이 이렇게 낮아서는 경제발전은 원천적으로 불가능하다. 기업은 돈을 벌고, 수출은 6천억 달러를 넘어섰으며, 길가에는 독일 차가 넘친다. 프랑스 사람들보다 한국 사람들이 명품 백을 더 많이 산다고 한다. 하지만 그 돈은 모두 어디로 갔는지 중산층과 서민층으로는 흘러들지 않는다. 우리는 21세기에도 여전히 편의점에서 일하는 사람들에게 주는 최저임금을 두고 논쟁을 벌이고 있다. 선진국으로 가는 것보다는 현상유지가 목표가 된 듯하다. 기업은 투자를 하지 않고, 경제는 좋지 않다는데 집값은 오른다.

정부가 그래서 욕을 먹는다. 상황이 좋지 않으면 누군가가 책임을 져야 한다. 촛불에 힘입어 들어선 정권마저 반환점에서 흔들흔들하는 형국이다. 이상한 정부 만능주의이고 어찌 보면 책임의 전가이다. 방송 기자를 하면서 가장 쓰기 싫었던 관용구가 있다. "상황이 이런데도 정부는 대책을 내놓기는커녕 상황도 파악하지 못하고 있습니다."

우리 사회의 문제점들은 과연 어느 정도가 정부의 책임일까? 거의 모든 문제에 대해 정부의 대책을 요구하고 책임을 묻는 풍토는 아마도 한국이 정부 주도로 성장했기 때문이 아닌가 싶기는 하다. 과거에 그렇게 성장했으니 지금 성장하지 못하는 것도 정부의 책임이라고 생각할 법도 하다. 하지만 이런 정부 만능주의 사고방식은 대부분 정치적 영역을 벗어나지 못하고, 경제 문제 해결에 도움이 되지는 않는다. 오히려 '정부 외에 다른 부문은 무엇을 잘못하고 있는가'에 대한 문제의식에 물을 타 논의를 후퇴시키는 결과를 낳는다. 우리는 21세기에 살고 있다. 한국 경제는 성장을 못하고 있다고는 하지만 이미 엄청난 규모로 성장하였다. 정부가 경제를 망칠 수는 있어도, 죽어 가는 경제를 갑자기 살리기는 매우 힘들다.

'정부 차원의 정책'이라는 관점으로는 해답이 도출되지 않는 이유가 또 있다. 여러 가지 분석과 대책들은 그 스펙트럼이 너무 다양하고 때로는 정치적 배경에서 나온 것이어서 그것들이 맞는 얘기인지, 무엇을 믿어야 할지 확신을 갖기도 힘들다. 기본적으로 한국에서 정부 정책을 갖고는 정상적인 토론이 불가능하다. 정부와 여당이 어떤 의도로 경제정책을 입안하는지도, 야당을 포함해 그 경제정책을 반대하는 사람들이 무슨 의도로 반대하는지도 알 수 없다. 정치권은 정말 국민을 위해 경제정책을 세울까? 아니면 자신들이 정권을 탈환하는 데 걸림돌이 되는 정적에 반대하기 위해 정책을 제시할까? 반대를 위한 반대를 하는 것은 아닐까? 유감스럽게도 정치권은 경제가 나아지는 것보다는 자신들이 정권을 잡는 데 더 관심이 많은 것으로 보인다.

정당의 목표는 정권 쟁취에 있다. 배가 가라앉는 데는 시간이 걸리고 어쩌면 반만 가라앉은 채 영원히 표류할지 모르니, 그동안이라도 선장 노릇을 하면 된다. 오히려 자신들의 정적이 정권을 잡았을 때 경제가 잘 풀리면 정권을 다시 가져오는 데 장애로 작용한다고 의식적으로 혹은 잠재의식적으로 생각할 가능성이 높다. 정적이 정권을 잡은 동안 경제가 안되길 바라는 정치인들이 실제로 상당수 있을 것이다. 그들은 경제가 더 잘되길 바라기보다는 정적과는 다른 정책을 개발하고 거기에 근사한 이름을 붙이는 데 더 열중하는 것으로 보인다. 정치인들이 내세우는 정책은 의도가 순수한지부터가 의심스럽기 때문에 믿음이 가지 않는다.

그런 의도로 입안한 정책이 효과를 낼 리 만무하다. 국민 입장에서는 새 대통령을 잘 뽑으면 경제가 나아질 것이라는 막연한 기대도 가져 보지만, 이제 경제에 대한 무력감이 국민들에게 일상화된 듯하다. 정부 정책을 놓고 논쟁하는 것을 무의미하다고 할 수는 없지만, 적어도 우리나라의 현재 상황에서 경제정책에 대한 논의는 길을 잃었다고 해도 과언은 아니다.

이 책은 우리나라처럼 교육수준이 높고 국민들의 동기부여가 강한 나라가 왜 선진국 경제에 들어서지 못하는가에 대한 의문에서 시작됐다. 그것은 정말이지 상식에 역행하는 현상이기 때문이다. 국민이나 정부의 경제정책보다는 다른 데에 이유가 있지 않은가 하는 의문이 든 것이다. 그동안 여러 가지 정책을 내세우는 다양한 스펙트럼의 대통령을 뽑아 보지 않았는가? 도대체 어떤 정책을 더 써야 한다는 말인가? "백약이 무효"라는 말은 바로 이런 때 쓰는 말이 아닌가 싶다. 어떤 정책을 써도 경제가 잘 안 풀려서 다른 정책을 내세운 정권이 들어섰는데 그 정권이 내세운 정책마저 듣는 것 같지가 않다. 정책이 잘못됐으니 예전 정책으로 돌아가야 하는가? 그런데…, 그 정책은 잘 안됐던 정책 아닌가!

경제가 잘 안 돌아가는 것을 두고 정부 탓을 하면 당장 스트레스가 풀리거나, 원인을 아는 것 같은 착각으로 미래에 대한 불안감을 잠시 잊을 수는 있다. 일종의 정신적 자위행위이다. 정부 탓을 주로 하는 사람들 가운데는 정치적 이득을 노리는 사람들이 많다. 그렇게 해서 정권이 바뀌면 반사이익을 보는 사람들이다. 하지만 일반 국민의 입장은 다르다. 스트레스의 근본 원인을 찾아내지 않고는 실질적인 이득이 없고 장기적으로 희망도 없다.
뭐가 진짜 문제인지 찾아내야 한다.

등잔 밑을 보면 …

이 책은 의도적으로 학술적이거나 전문적인 내용을 담지 않으려
고 한다. 하지만 잠재성장률이라는 개념은 살펴볼 필요가 있다.
잠재성장률이란 무엇인가?

> 한 나라의 경제가 보유하고 있는 자본과 노동력, 자원 등 모든 생
> 산요소를 사용해서 물가상승을 유발하지 않으면서도 최대한 이룰
> 수 있는 경제성장률 전망치를 말한다. 있는 자원을 최대한 활용해
> 서 최고의 노력을 했을 때 얻을 수 있는 최대의 성장치라고 할 수
> 있다.   ─ 〈한경 경제용어사전〉

아주 단순화해서 경제성장 능력이라고 할 수 있다. 잠재성장
률이 낮은데도 높은 경제성장을 요구할 수는 없다. 그런데 우리
가 얼마나 경제성장을 할 수 있는가는 이미 몇 년 전에 결정돼 있
다고 해도 과언이 아니다. 고등학교 1, 2학년 때 공부를 전혀 하
지 않은 학생한테 고3이 돼서 왜 이렇게 성적이 나오지 않느냐

고 닦달을 해봐야 한계가 있다는 것이다. 지금 경제가 안된다면 지난 10~20년 동안 우리가 무엇을 했는가, 무엇을 하지 않았는 가를 살펴보는 것이 맞지 않은가?

그러면 20년 전 우리는 어떤 생각을 하고 있었는가? 지금부터 16년 전인 2003년, 〈경향신문〉에 다음과 같은 글이 실렸다.

(중략) 우리의 환경은 만만치 않다. 기술력이 뛰어난 선진국은 저 만치 앞서 나가고 있고, 중국 등 개도국들은 하루가 다르게 우리를 쫓아오고 있다. 이제 더 이상 요소투입을 통한 양적 성장전략만으 로는 지식·기술·정보혁명 시대의 수출을 지탱해 나갈 수 없다. 기술혁신과 지식창출에 기반을 둔 혁신주도형의 발전전략을 추구 해 나가야 한다.

수출에 있어서도 우리 산업의 근간인 자동차·조선·전자·섬 유 등 주력 기간산업을 IT·BT·NT 등 신기술과 접목시켜 고도화 해 나가는 한편, 세계 일류상품을 발굴하고 지능형 로봇 등 차세대 성장동력 산업을 새로운 수출 주력상품으로 육성해야 한다.

또 상품 수출만으로는 한계가 있는 만큼 지식·서비스 수출에도 관심을 기울여야 한다. 오늘날 선진 무역대국들은 상품과 함께 서 비스 수출에서도 강점을 갖고 있다. 문화 콘텐츠와 소프트웨어, 물류 서비스 등의 수출경쟁력을 키우고 제도를 정비해야 한다.

— 윤진식 산업자원부 장관 기고문, 〈경향신문〉, 2003. 11. 27.

이 기고문은 정부 입장에서 경제가 앞으로 나아가야 할 바를 밝힌 내용이다. 하지만 들여다보면, 장관이 한 말임에도 불구하고 이 글이 내세운 과제 가운데 5년마다 바뀌는 정부가 할 수 있는 일은 거의 없다. 주력 기간산업을 신기술과 접목시키고, 지식 서비스 수출에 관심을 갖고, 세계 일류상품을 발굴하는 것은 누가 해야 하는 일인가? 장관이 당시 우리 경제의 과제로 나열한 이 모든 일들은 다름 아닌 기업의 몫이다. 정부는 옆에서 거들 수 있는 정도이다.

경제성장 정체에 대한 책임 추궁이 정부로 집중되는 동안 잊힌 중요한 부문이 있다. 바로 기업이다. 내수 규모가 커졌다고는 하지만 여전히 한국은 수출을 해야 먹고사는 나라이다. 그리고 그러한 수출의 대부분을 대기업이 담당한다. 결국 현재 경제가 만성적인 무기력증에 빠진 것과 관련해, **지난 20년간 우리 경제계를 움직인 기업의 리더십에 의문을 제기할 수밖에 없다. 우리 기업은 과거 20년간 중국으로부터 거리를 유지하고 선진국을 따라잡을 수 있는 세계 일류 상품과 서비스를 얼마나 만들었는가?** 경제가 성장을 못하고 있다면 상식적으로 직접적 원인을 기업에서 찾는 것이 옳지 않겠는가?

20년 전, 중국이 쫓아오고 있으니 이제는 세계 일류 제품을 만드는 수준으로 업그레이드하지 않으면 생존할 수 없다는 말을 수도 없이 들은 기억이 있을 것이다. 그런데 우리는, 특히 우리 기업은 무엇을 했는가? 결국 당시의 우려가 지금 현실로 나타나는 것이다. 현재 경제가 안 좋은 것은 그 당시 우리 기업들이 선진 경제로 가는 비전을 수립하고 계획을 시행하지 못한 결과, 잠재 성장률을 높이지 못한 데 큰 원인이 있다고 봐야 할 것이다.

우리 경제 리더십이 아주 형편없다는 애기는 아니다. 선진국 으로 갈 만큼은 아니라는 것이다. 그나마 경제계의 리더십은 정 치에 비하면 나은 편이다. 그래서 경제 리더십에 대해 이 책을 쓰는 것이다. 개선의 여지가 있으므로. 만약 정치인들에 의해서 만 경제가 좋아질 수 있다면 우리는 희망이 없다. 그래서 더더욱 경제발전에 대한 논의를 정치인들에게 맡길 수 없다. 우리나라 정치인들의 수준을 우리 모두가 너무 잘 알지 않는가? 그들에게 는 기대할 것이 없다(너무 단정적으로 말한다고 할 사람이 있을지 모 르지만, 우리 모두가 마음속 깊이는 다 아는 내용이다. 우리 정치인들 이 경제 상황을 타개할 아이디어를 낼 수 있다고 생각하는 국민이 과연 얼마나 되겠는가?).

그럼에도 불구하고 논의는 늘 정부가 어떤 경제정책을 펴는가 로 흘러간다. 그러면서 기업이 무엇을 잘못했는가에 대한 문제 의식은 상대적으로 옅어진다. 경제가 잘 안 풀리는 것과 관련해, 우리는 기업의 리더십에서 문제를 찾으려 하지 않는다. 기업의 리더십은 공적인 논의의 장에 있지 않다는 인식 때문인지도 모른 다. 한국은 자유경제 국가이고, 기업은 그들만의 세상이고, 그래서 그들이 알아서 해야 하는 영역이라고 생각하는지도 모른다. 하지만 우리의 경제에 대한 논의는 너무나도 정치적, 이념적 논쟁에 매몰돼 있다. 더구나 한국 대기업의 경우 그 영향력이 너무나 거대해져서 사적 영역이라고 할 수도 없다. 도대체 우리 기업이 뭐가 잘못돼서 이리 결과를 내지 못하는지에 대해 진지하게 살펴보지 않는다면 결코 해답은 나오지 않을 것이다.

기업이 못하는 이유가 정부 정책 잘못으로 규제가 너무 많아서라는 식으로 또 정치 탓을 할 수는 있다. 그런 부분이 있는 것이 사실이다. 하지만 그것은 문제의 일부일 뿐이다. 왜 우리 기업의 능력이 부족한 것이 문제라는 생각은 하지 않는가? 5년 혹은 10년마다 바뀌는 정부 정책에 치중하기보다는 정권을 누가 잡던 상수로 남아 있던 집단인 기업에서 개선할 것이 무엇인지를 찾아보는 것이 논리적이지 않겠는가?

상식으로 돌아가자

이 책은 상식적, 문화적, 논리적 차원에서 경제가 안되는 이유를 설명해 보면 어떨까 하는 생각에서 시작됐다. 그리고 그 논의는 결국 한 가지 이슈로 수렴한다. 물론 이토록 거대한 경제가 안되는 것을 하나의 문제 탓으로 돌리려는 것은 아니다. 그것은 무모하고 저능한 일이 될 것이다. 하지만 적어도 가장 큰 문제점, 방안에 있는 코끼리elephant in the room라도 치우자는 얘기다.

어렵게 생각하면 한이 없는 게 경제가 아닌가 싶다. 아니, 그보다 더 중요한 문제는 그렇게 어렵게 생각하고 우리 앞에 빤하게 펼쳐진 현상과 우리가 아는 상식을 무시한 결과, 상황이 더 악화되고 해답을 찾지 못하고 있는지도 모른다는 것이다. 어렵게 생각하는 것이야말로 문제의 일부라는 것이다! 이 부분은 이 책에서 매우 중요하다. 너무 학문적, 기술적으로 들여다보지 않는 것이 필요하다는 것이다.

경제가 왜 이리 안 풀리는가? 약발이 떨어진 신자유주의 이론에 대한 미련을 버리지 못한 유행 지난 정책 때문이란 얘기도 있고, 아직도 기업 하기 어렵게 규제가 너무 많다는 얘기도 있다. '아랫목이 달궈져서 결국은 윗목으로 옮겨 갈 것이다', '이제 소득주도 성장을 해야 한다', '재벌개혁을 해야 할 시점이 왔다', '정부가 지나치게 재벌 총수 일가에 대해 압박을 가함으로써 기업들의 투자 의지가 꺾이고 있다', '최저임금이 너무 많이 올랐다', '노조가 너무 양보를 안 한다' 등 여러 분석과 대책들이 제시되기도 하지만 모두 가슴에 와 닿지는 않는다. 왠지 그렇게 해도 효과가 없을 것 같다는, 그런 약들이 듣기에는 우리 경제의 체질에 뭔가 근본적으로 문제가 있는 것 같다는 생각이 든다.

거듭 얘기하지만, 경제에 대한 여러 논쟁들은 안타깝게도 그저 소음인 경우가 너무나 많다. 어떤 주장 뒤에는 정치적 의도가 숨겨져 있거나, 기업을 소유한 재벌들에게 어필해서 광고를 얻어내려는 불순한 언론의 상술도 작용한다. 문제는 자꾸 듣다 보면 그 말이 맞는 것처럼 믿게 된다는 것이다. 이미 시도해 본 것이라는 사실을 잊고, 지금 것과 다르니 시도라도 해보자는 쪽으로 정책이 또 다시 간다. 해결책이라는 것들은 전에 들었던 것들을 재포장한 것이고, 영원히 하루에 갇혀 같은 삶을 반복해야 하는 남자가 나오는 영화처럼, 논의는 헛돈다.

물론 경제에 대해 진행돼 온 모든 논의가 정치적이며 근거 없는 소음은 아닐 것이다. 진심으로 경제를 걱정하는 사람들이 진지한 연구를 통해서 만들어 낸 해결책들도 있었다. 장하성, 김상조 등 많은 학자들이 재벌 개혁의 필요성을 역설하는 내용의 논거들을 제시했다. 이 책에서 그 이상의 대안을 제시하기는 쉽지 않을 정도로, 이미 많은 정책 대안들이 제시돼 있다. 그런데 왜 변화가 없는가?

자본주의를 제대로 하는 것이 필요하다고 생각하는 사람 치고 지금 이대로가 괜찮다고 생각하는 사람은 없지만, 이런 대안들이 강력하게 시행되길 않기 때문이다. 그런 논의들은 앞서 말한 소음 속에 섞여서 호소력을 잃기 일쑤이다. 그리고, 앞으로 계속 얘기하겠지만, 전문영역에 속하는 이런 논의들(특히 대기업 개혁에 대한 논의들)이 국민의 마음을 움직이지 못하고 있다는 것이다. 어려운 얘기이기 때문이다. 학문적 논의를 하면서 국민들이 그 주장에 마음속 깊이 동조하기를 기대하는 것은 무리이다.

그리고 이런 얘기들은 선후가 뒤바뀐 면이 있다. 대안을 제시하지만 왜 그러한 대안이 필요하고, 왜 지금 상태로는 안 되는지를 설득하지 않는 것이다. 먼저 국민의 마음을 움직이지 못한다면 이런 개혁 정책들, 이른바 대안들은 법제화되기 힘들고, 법제화된다 해도 추진력을 발휘할 수 없다. 반면 국민의 강력한 지지만 있다면 대기업 개혁은 의외로 쉽게 이뤄질 수 있는 것 아닐까? 우리나라에서 국민적으로 강력한 지지를 받는 정책이 현실에서 시행되지 않는 시나리오를 나는 상상할 수 없다. 그렇다면 대기업 개혁의 핵심은 어찌 보면 내용보다는 그 필요성을 국민들이 절감할 수 있도록 설명하는 것에 있지 않을까 하는 생각이 든다. 그렇다면 어떻게 해야 한국 대기업 경영의 패러다임이 바뀌어야 한다고 '느끼게' 할 것인가?

올림픽 대표 선발에 대한
워런 버핏의 의견

그런 생각을 하던 어느 날, 워런 버핏Warren Buffett이 했다는 말 한 마디가 마음에 들어왔다.

그것은 2020년 올림픽 대표선수로 2000년 올림픽 수상자의 자녀들을 뽑는 것과 같다(It's like choosing the 2020 Olympic team by picking the children of all the winners at the 2000 Games).

워런 버핏이 상속세 폐지 논의가 나오자 이를 비판하면서 했다는 말이다. 기가 막힌 말이다. 자본주의의 윤리성과 적자適者 생존 지상주의라는 얼핏 보기에 대치되는 것 같은 두 개념을 이렇게 맛깔나게 잘 비벼 준 비유가 있을까?

이 말을 들었을 때 우선 드는 생각은 '그토록 돈이 많은 사람이 상속세 폐지를 비판한다니…, 요즘 말로 이거 실화인가' 하는 것이다. 적어도 한국적 정서나 상식에서는 그러하다. 이런 주장을 재벌 총수가 언론과의 인터뷰에서 한다고 생각해 보라. 지금도 중견기업들의 상속을 보다 쉽게 해줘야 한다는 기사인지 혹은 논평인지를 경제신문들은 기회가 있을 때마다 1면 톱에 올리고 있다. 그리고 그런 기사를 볼 때마다 광고 영업이 관련된 것 아닌가 하는 의구심을 떨쳐 버릴 수 없는 것이 사실이다.

내가 속한 사회에 대해서 열등감을 느낀다는 것은 바른 일이 아니라는 주입과 암시를 우리는 어렸을 때부터 끊임없이 받아 왔다. 그것은 사대주의라는 것이다. 일제강점기에 일본 제국주의가 우리에게 조직적으로, 국가 차원에서 열등감을 주입한 것에 대한 반발인지도 모른다. 사실 요즘은 이러한 선진국에 대한 사

네브래스카주 오마하에서 태어난 워런 버핏은 '오마하의 현인'이라고도 불린다.
역사상 가장 성공한 투자자이자, 자본주의에 대한 통찰력 있는 명언 제조기이기도 하다.

대주의는 걱정할 필요가 없는 듯하다. 일본을 우습게 보는 나라는 한국밖에 없다는 얘기가 있다. 그 얘기가 일본이라는 나라에만 국한되지는 않을 것이다. 게다가 무책임하게 익명 속에 숨어서 댓글을 통해 토론을 벌이는 세태 때문인지, 특별히 잘못한 것이 없어도 감정적으로 사람을 비판하는 경향이 강해져서인지, '내로남불'이 지배적인 사조思潮이어선지, 아니면 사람들이 전반적으로 화가 나 있어서인지, 김연아가 아니고서는 비난을 피할 길이 없는 사회가 된 듯하다.

따라서 앞서 버핏의 말도 요즘 같은 세태에서는 비판받을 수 있다. 우리는 우리보다 시장경제를 잘 실현하는 나라들을 포함해 어느 나라도, 역사상 가장 위대한 투자가조차도 비판의 십자포화에서 자유롭지 않은 세상에 살고 있다. 그런 의미에서 아무리 뛰어난 사람이라도, 그에 대해 최상급의 찬사를 써가면서 칭찬하면 안 되는 듯한 분위기가 우리 사회에 있는 것이 사실이다. 하지만 모든 일은 지나치면 좋지 않다. 자신을 남에 비춰 반성하는 것과 사대주의, 열등의식은 다르다.

어쨌거나 워런 버핏 같은 사람은 곤혹스러운 어떤 감정 — 그 정체가 열등의식, 사대주의인지, 혹은 자신에 대한 정확한 반성인지는 모르겠으나 — 을 느끼게 하고 만다. 상대적으로 우리가 열등해 보이는 감정이다. '쟤들은 뭘 해도 폼이 난다', '왜 쟤네들은 돈이 이렇게 많은 사람이 멋지기까지 하냐' 하는, 내가 갖지 못한 것이 좋아 보일 때의 감정 말이다.

버핏의 말에 상대적으로 위축될 수밖에 없는 것은 우리나라에서 엄청난 부자, 재벌(전 세계적으로 우리나라에만 있는 현상이라고 한다) 가운데 상당수가 온갖 방법을 동원해 상속세를 내지 않고, 그렇게 해서 자식에게 종잣돈을 마련해 주거나 자식이 차린 회사에 일감을 몰아주고 결국 그를 바탕으로 기업의 경영권을 물려받도록 해주기 때문이다.

자기 자식에게 재산을 물려주는 것, 그것은 우리 입장에서 보면 본능적인 행위인데, 그 부분에 대해 버핏처럼 상식적이고 냉철한 판단을 내린다는 것은 요즘 말로 '리스펙트'를 보낼 수밖에 없다. 〈내부자들〉, 〈베테랑〉 같은 영화에 국민들은 왜 그토록 뜨거운 반응을 하는가? 재벌들의 행태를 너무나 그럴듯하게 보여 주기 때문이다. 언론이 여러 가지 이유로 보여 주지 못하는 현실을 보여 줌으로써 관객들에게 대리만족을 주는 것이다.

심지어 영화 〈베테랑〉은 실제 일어난 일과 거의 비슷하다. 지금은 없어진 MBC 〈시사매거진 2580〉이라는 프로그램을 통해 김재용 기자가 특종 보도한 내용과 거의 닮은 것이다(현실의 인물은 영화 속 주인공처럼 잘생기지 못했다는 점은 다르지만…). 우리의 현실은 슬프게도 영화로 그대로 만들어도 충분히 자극적일 정도로 열악하다. 재벌가 사람들은 그런 과정에서 사회적으로 욕을 먹고 잠시 검찰에 불려가 조사를 받지만, 그들이 감옥에 갈 일은 별로 없다. 설사 감옥에 가더라도, 조금만 참으면 왕국의 열쇠를 가질 수 있다. 버핏의 말이 살바도르 달리의 그림처럼 초현실적으로 느껴지는 이유이다.

버핏이 그런 말을 한 것이 단지 버핏 개인이 워낙 훌륭한 사람이어서라면 우리에게도 희망이 있을 것이다. 유전적으로 한국 사람보다 미국 사람이 인품이 훌륭하게 설계되지는 않았을 테니, 그렇다면 우리나라에도 그렇게 훌륭한 인품을 가진 부자가 나타날 수도 있는 것 아니겠는가? 하지만 그런 사람이 절대로 나타나지 않는 것을 보면, 이는 아무래도 개인적이고 유전자적인 현상이 아니라 사회적이고 구조적인 문제 때문임이 분명하다. 그렇다면 지금이라도 어렵겠지만, 매우 어렵겠지만 고치는 일에 나서야 한다.

《성 버핏서》의 자본주의적 해석

워런 버핏은 자본주의라는, 현대사회를 움직이는 종교에서 성인 聖人, saint과 같은 인물이다. '성 버핏'이라고나 할까. 실제로 그는 성인답게 명언을 엄청나게 많이 남겼다. 《성聖 버핏서書》라는 책을 하나 만들어도 될 정도이다. '오마하의 현인'이 한 말은 그런 의미에서 여러 각도로 해석, 연구해 볼 만하다. 버핏은 상속세 폐지 문제를 얘기하면서 단순한 부의 상속을 얘기한 것은 아닌 듯하다. 그것은 그가 하필이면 국가대표라는 예를 든 것에서 알 수 있다.

뚱딴지같은 말이다. 상속세와 국가대표라니 …. 하지만 이는 현인답게 보통 사람들로 하여금 한 번 더 생각하게 만드는 말이다. 부는 소유하고 즐기면 되는 것인데 국가대표랑 무슨 상관이 있다는 말인가? '오마하의 현인'이 중생에게 지혜를 줄 때는 아무 말이나 내뱉지는 않았을 것이다.

'현인'이 하고 싶던 말이 무엇인가를 알기 위해서는 국가대표 선수는 어떤 사람들인지를 먼저 생각해 보는 것이 순서일 것이다. 그들의 특징을 살펴보자. 먼저 그들은 '능력'이 있는 사람들이다. 자신의 분야에서 최고여서 국가를 대표할 정도로 뛰어난 사람들이다. 또한, 그들이 경기를 잘하면 국민들에게 큰 기쁨을 선사한다. 즉, 그들의 활약은 국민의 복지와 연결돼 있다는 것이다. 이들은 국민의 복지에 영향을 주고 국위를 선양한다는 점에서 공인이다. **결국 '능력을 갖춘 공인'이라는 것이다.**

그렇다면 상속세를 얘기하면서, 부를 상속하는 것을 얘기하면서 버핏은 왜 난데없이 '능력을 갖춘 공인'인 국가대표의 예를 든 것일까? 그것은 그가 상속세를 적게 내는 것 자체보다는 거기서 파생되는 문제에 주목했기 때문일 것이다. 상속세가 줄어들면 자연히 기업을 자식에게 물려주기가 쉬워진다. 상속세를 많이 내면 실질적으로 기업을 물려주기는 어렵게 된다. 버핏의 기업처럼 상장된 거대기업일 경우 더욱 그러하다(그의 기업인 버크셔 해서웨이는 미국 10대 기업에 꼽힐 정도로 규모가 어마어마하다).

그는 결국 상속세를 적게 내서 기업을 자식에게 쉽게 물려주는 행위가 공적 성격을 가진다고 생각했고, 그래서 국가대표를 뽑는 것과 같은 공적인 일을 예로 든 것이다. 그는 엄청난 부와 큰 기업을 가짐으로써 자신이 공인이 됐다고 생각한 것으로 보인다. 대부분의 훌륭한 부자들이 그렇게 생각한다. 때문에 기업 경영권을 물려주는 행위는 국가대표를 뽑는 것처럼 공공의 이익과 연관돼 있다고 믿는 듯하다.

기업을 물려주는 일을 국가대표 선수 선발에 비유한 것이 아주 적합한 이유는 두 개의 일이 결국 모두 공적이면서 동시에 탁월한 능력과 관련 있기 때문이다. 버핏은 기업을 물려받는 사람은 공인이므로 국가대표처럼 능력이 있어야 한다는 것을 강조하였다. 그는 나아가 상속세 폐지 문제를 시장경제의 원리에 역행하는 것으로 본다. 실제로 버핏은 방송 인터뷰에서 상속세 폐지는 자원의 효율적인 사용이 아니라고 말한다. 상속세 폐지가 반 시장경제적인 정책이라는 것이다. 버핏이 하고 싶은 말은 '기업 경영권'을 능력과 상관없이 핏줄이라는 이유로 물려주는 것은 올림픽 대표를 세습하는 것처럼 말도 안 되는 일이라는 것이다.

그의 말을 우리는 어떻게 받아들여야 할 것인가? 먼저 부자가 그런 말을 했다는 점에서 그의 인간적인 면모에 존경심을 품게 된다. 그런데 이 말을 그렇게만 이해한다면 너무 감성적인 접근이다. 너무 감성적인 것은 우리 사회의 큰 문제이다. 이것은 사대주의가 아니라 자신에 대한 반성이다. 그리고 '감성적인 면을 넘어서자'는 주장은 이 책의 중요한 부분이기도 하다. 많은 사람들이 버핏의 인격적인 면에 감동하고, 감성에 치중한 나머지 이 말이 내포한 차갑기까지 한 현실에 대한 통찰력, 적자생존 지상주의, 그리고 사회에게 주는 교훈을 간과하는 것 같다.

물론 자식에게 물려줄 것이 많은 그가 이런 말을 한 데는 자신의 이익을 초월한 부분이 있는 것이 사실이다. 그는 실제로 엄청난 재산을 사회에 기부한 존경할 만한 부자이다. 하지만 마음 좋은 미국 중부 시골 아저씨같이 생긴 버핏(그는 실제로 미국 중부 출신이다), 엄청난 재산을 사회에 기부한 그의 행적을 보고 휴머니즘 차원에서만 이런 말을 했다고 생각하면 매우 중요한 것을 놓치는 일이다. 이 말에는 정글보다 더한 주식 투자의 세계에서 살아남은 마지막 생존자로서 그가 가진 경영자관觀이 녹아 있기 때문이다.

문제는 세습이야, 바보야!

사고능력이 있는 사람이라면 버핏이 한 말에 동의할 수밖에 없을 것이다. 2020년 도쿄올림픽에 나갈 우리나라 축구 국가대표를 생각해 보자. 국가대표 선수를 버핏의 말처럼 아버지가 2000년 올림픽, 또는 어떤 올림픽이든지 국가대표로 나갔는지 여부에 따라 결정한다면 어떤 결과가 나올 것인가? 기성용이나 손흥민 같은 선수는 아버지가 국가대표 출신이 아니니 선발에서 제외돼야 할 것이다! 손흥민이 아버지가 국가대표 출신이 아니라는 이유로 국가대표에 선발되지 않는 상황을 상상해 보라! 이런 식으로 선수를 뽑는다면 우리나라는 월드컵 예선조차 절대로 통과하지 못할 것이다.

그런 행위의 어리석음은 너무도 명백해서, 이렇게 얘기한다는 것 자체가 멋쩍은 일이다. 그렇게 선수를 뽑는다면 시드니올림픽에 나갔던 이동국 선수의 쌍둥이들이 무럭무럭 크고 좋은 축구 교육을 받아서 훌륭한 선수가 돼야 우리 대표팀이 아시아 맹주로서의 위치를 유지할 수 있을 것이다. 그러기 위해서는 그 아이들이 예능 프로그램에 나올 시간에 어린이 축구교실에 다니게 해야 할지도 모른다. 매우 확률이 낮고 미친 생각이기까지 하다.

물론 그런 미친 방식으로 국가대표 선수를 뽑는 나라는 지구상에 없다. 너무나도 당연해서 얘기한다는 것 자체가 멋쩍은 일이지만, 우리는 이렇게 너무나도 당연한 예를 계속적으로 머릿속에서 되새겨야 한다. 이 책의 목적은 자그마한 대안을 제시하는 것을 넘어, 변화가 필요하다는 것을 '느끼게' 하는 데 있다. 스포츠에서는 너무나도 당연한 일이 현실 세계의 다른 공간으로 이동하는 순간, 전혀 당연하지 않은 일로 둔갑하기 때문이다.

그것은 축구선수의 육체 능력은 직접 눈으로 확인할 수 있지만 다른 분야의 능력은 즉각적으로 확인할 수 없기 때문인지도 모른다. 하지만 그렇다 해도 이것은 놀라운, 상상력의 빈곤이라고밖에는 달리 표현할 길이 없다.

빌 클린턴Bill Clinton 전 미국 대통령의 전략 참모로 유명한 제임스 카빌James Carville이 한 말이 있다.

"문제는 경제야, 바보야!It is economy, Stupid!"

1992년, 당시 현직 대통령이던 아버지 부시George H. W. Bush를 상대로 대통령 선거에 나선 클린턴에게는 뭔가 전기가 필요했다. 좋지 않은 경제상황에도 불구하고, 걸프전을 치르고 있던 미국인들은 전쟁 중에 사령관을 갈지 않는다는 오랜 불문율 때문인지 현직 대통령 부시에 대한 지지를 쉽게 거두지 않고 있었다. 카빌 입장에서 보면 매우 답답한 상황이었을 것이다. 사람들은 경제가 제일 중요하다는, 너무나도 상식적인 사실을 간과하고 있었던 것이다.

여기서 "바보야"라고 지적한 대상은 공식적으로는 적수인 공

'성난 루이지애나 사람'(Raging Cajun) 제임스 카빌.
논리와 독설을 장착한 그는 클린턴의 주 공격수였다.

사진: Gage Skidmore

화당, 혹은 같이 선거운동을 하는 클린턴 진영 동료들이었겠지
만, 무의식적으로 또는 실질적으로는 너무나 뻔한 것을 놓치고
있는 미국 유권자를 겨냥했을 수도 있다. 무엇이 중요한가를 깨
우쳐 주는 아주 효과적인 슬로건이었던 이 말은 카빌이라는 사람
이 풍기는 돌직구적이고 신랄한 풍모(대머리에 성격파 배우 같은
외모를 가진 그는 사람의 귀에 꽂히는 특유의 남부 사투리를 구사한다)
와 딱 맞아떨어져서 대선 승리에 크게 기여한다.

　너무나도 상식적인 것을 무시하는 일이 우리나라에서만 일어
나지는 않는다는 점은 그나마 위로가 된다. 여하튼 우리는 아버
지가 누구냐에 따라서 국가대표를 뽑는 것은 말도 안 되고, 부도

덕하고, 멍청하고, 반시장적이며, 반진화적이라는 점을 새겨 둬야 한다. 우리는 '그것은 세습이야, 바보야!'라고 계속 되새길 필요가 있다.

축구와 다르지 않다

경제 얘기를 하다가 갑자기 축구 얘기를 한 이유가 있다. 그것은 이 책의 중요한 부분이기 때문이다. 축구가 이 책의 중요한 부분이라는 것은 아니다. 앞에서도 얘기했듯이, 우리가 경제 문제를 너무 어렵게 접근하는 것이 문제의 일부이기 때문이다. 축구 국가대표 선발처럼 경제 문제도 상식적으로 접근해야 한다는 것이다. 경제에 관한 논쟁은 늘 복잡하고 상대방이 틀렸다고 입증할 수 없는 학문적인 방식으로 전개되고는 한다. 그러나 현실 경제는 수학처럼 증명되는 사안이 아니다.

학문적인 관점이 사회적 차원에서 문제 해결에 도움이 안 된다고 하면 너무 심하다고 얘기할지 모르겠다. 하지만 A라는 정책과 B라는 정책이 있는데 어느 것이 우월한지를 어떻게 입증할 수 있다는 말인가? 과거에 B라는 정책 대신 A라는 정책을 썼으면 경제가 더 좋아졌을 것이고 국민들은 지금보다 경제적으로 윤택했을 것이라는 주장을 입증하는 것은 불가능하다. 타임머신을 타고 과거로 가서 A 정책을 써보고 현재로 돌아와서 그 결과를 비교해 보지 않고서야 가능한 일이 아니다.

학문적 논쟁이 해결책으로 이어지지 않는 실제적 이유가 하나 더 있다. 재벌정책이나 최저임금 등 상당수의 경제정책은 실은 정치의 영역이다. 국민들 사이에 이제는 바꿔야 한다는 요구가 강하게 일어날 때에야 변화가 올 수 있다. 하지만 국민들을 상대로 학문적으로 설명한다는 것은 기본적으로 불가능에 가까운 일이다. '최저임금을 올리지 않으면 경제가 더 좋아진다'는 것이 사실 혹은 거짓임을 어떻게 입증할 수 있다는 말인가? 학문적으로 입증이 가능하다 해도 너무 어려워서 일반인에게는 설명이 되지 않는다. 이해가 되지 않으면 관심도도 낮아지고 변화에 대한 요구도 일지 않는다. 사회적 합의가 형성되기 어렵다. 따라서 경제정책은 수립되기 어렵다.

예를 하나 들어 보자. 이명박 전 대통령이 2007년 선거운동 당시 이른바 BBK 사건으로 검증을 받은 일이 있다. 상당수 언론이 이 의혹에 대한 검증에 나서면서 회사들 사이에 기사 싸움이 붙었다. 대한민국의 어느 집단보다 경쟁심이 치열한 언론사 구조상 이런 기사 싸움이 붙고 나면 그 대상이 되는 사람은 살아남기 힘들다. 하지만 결과적으로 이명박 전 대통령은 BBK에 대한 보도에도 불구하고 당내 경선에서 박근혜 후보, 본 선거에서 정동영 후보를 차례로 이기고 당선됐다.

2007년 대통령 선거에 대한 분석 중 하나는 당시 정동영 후보가 속한 대통합민주신당이 다른 이슈를 두고 하필 BBK 관련 건처럼 이해하기 어려운 의혹을 문제 삼았기 때문에 졌다고 지적했다. 사람들이 그게 뭐가 잘못인지 이해하기조차 어려워서 임팩트가 없었다는 것이다. 반면, 2002년 대통령 선거에서 진보 진영은 상대 후보 이회창의 아들이 병역을 기피했다는, 누가 봐도 이해하기 쉬운 의혹을 내세운 결과 승리할 수 있었다는 것이다. 경제정책에 대한 수많은 논쟁에도 불구하고 컨센서스가 형성되지 않는 이유가 바로 여기에 있는 것이 아닌가.

더구나 재벌정책 같은 경우, 대한민국 최고의 권력집단이라 할 수 있는 재벌을 상대로 학문적 논쟁을 벌인다는 것은 무모해 보이기까지 하다. 그러다 보니 그저 이해가 다른 집단들이 자신의 입맛에 맞는 정책을 학문이라는 틀을 빌려와서 주장하고, 그 효과를 입증할 수도 없을뿐더러 정치적 합의도 형성되지 않다 보니 변화는 일어나지 않는다. 경제정책의 성패와는 상관없이, 한 정권이 실패하면 다른 정권이 들어서서 전 정권과 다른 경제정책을 펼 뿐이다.

그러면서 정작 학문적으로 입증할 필요도 없고 인간의 진화와 역사 속에 수없이 입증돼 상식이 된 일이 무시되고 있는 것에 대해서는 어떤 조치도 이뤄지지 않는다. 방안에서 코끼리가 똥을 싸고 악취가 진동하는데 악취에 익숙해져 코가 마비된 탓인지,

아무도 그것을 지적하려 들지 않는다는 것이다.

결국 축구 얘기를 하는 것은 여자 독자들을 지루하게 하기 위해서가 아니라 바로 이런 상식에 대해 얘기하기 위해서다. 상식은 이 책의 중요한 부분이다. 학문적 분석이나 입증도, 정치적 논의도 아니다. 이 책은 한 분야에서는 상식인 것이 왜 다른 분야에서는 무시되는가에 대한 의문과 좌절, 그리고 '경제는 오히려 상식적으로 풀어야 하는 것'이라는 생각에서 시작됐다. 이 책은 결국 대표선수에 관한 이야기이다. 자본주의와 시장경제의 성인 버핏이 전한 《성 버핏서》의 한 구절에 대한 긴 번역서라 해도 될 것이다.

한국에서는 실제로 대표선수를 아버지가 누구냐에 따라 결정하는 일들이 벌어진다. 그것도 축구보다 훨씬 중요한 분야의 대표선수들이 그렇게 결정된다. 그들이 잘하면 단순히 국민의 사기가 올라가고 국위가 선양되는 것이 아니다. 그들이 잘하면 우리의 살림살이가 나아지고 우리의 자식들이 더 좋은 옷과 집을 가질 수 있다. 나의 노후가 더 윤택해질 수 있다. 우리가 해외여행을 더 갈 수 있고 더 좋은 차를 살 수 있다. 우리 자녀들에게 결혼을 해도 주거 문제가 해결될 수 있다고 얘기해 줄 수 있고, 젊은 엄마들에게 아이를 낳아도 직장을 다닐 수 있을 만큼 좋은 탁아시설을 제공할 수 있다고 얘기할 수 있다. 자선단체들이 도움을 호소하면서 방송에 내보내는, 불우한 어린이들의 가슴 아픈

사연들이 줄어들 수 있다.

그들은 누구인가? 사회적 영향력 면에서 당연히 축구 국가대표보다 더 중요한 사람들이다. 문제는 이들 국가대표는 국민들이 TV로 지켜보는 가운데 골을 넣거나 놓치고, 기쁨과 분노를 즉각적으로 선사하지 않는다는 데 있다. 그래서 그들의 선발 과정에 대한 대중의 관심은 상대적으로 작다. 심지어 그들이 국가대표라는 생각조차 하지 않는다.

우선순위가 바뀐 분노

다시 축구로 돌아가자. 대한축구협회는 2018년 '올해의 선수'에 국가대표 공격수 황의조(26 · 감바 오사카)를 선정한다. 이 상은 그해 국내외에서 활약한 최고의 선수에게 주어지는 상인데, 황의조는 기자단 46명과 올해의 선수 추천위원회 7명의 투표를 합산한 결과 '무려' 손흥민을 제치고 수상하는 기염을 토한다. 황의조는 2018 아시안게임에서 9골을 넣으며 한국을 우승시키고 득점왕에 오르면서 차범근 이후 최고의 스트라이커라는 찬사를 받는다. 확실히 슛 타이밍이 과감하고 빠른 선수이다. 지금까지 본 선수들과는 뭔가가 다르다는 것을 축구를 조금만 열심히 본 팬이라면 느낄 정도이다. 하지만 그가 아시안게임 당시 국가대표로 선발됐을 때, 인터넷은 비난 여론으로 들끓었다.

23세 이하 선수들로 구성되는 아시안게임·올림픽 대표팀은 전력 보강을 위해 23세 초과 선수 3명을 와일드카드로 선발할 수 있다. 그리고 이들에게도 23세 이하 선수들과 동일하게 우승 시 병역면제 혜택이 주어진다. 와일드카드는 3장밖에 안 된다는 점에서 정말 신중하고 공정하게 선발해야 한다. 그러지 않으면 다른 유능한 선수에게 가야 할 와일드카드가 낭비되고 팀이 우승할 가능성은 그만큼 낮아진다. 그런데 황의조가 여기에 선발되자, 그가 과거 김학범 대표팀 감독과 같은 팀에서 뛰었다는 인연으로 뽑혔다면서 여론의 맹공이 쏟아진다. 그런 비판과 의심은 결과를 통해 전혀 근거가 없는 것으로 입증됐다. 하지만 아시안게임 축구 국가대표 한 명에게 쏟아진 관심은 국가를 대표하는 사람에 대한 국민들의 관심이 얼마나 큰 것인가를 단적으로 보여 줬다.

이번에는 다른 종목을 살펴보자. 같은 2018 아시안게임에 출전한 야구 국가대표의 사례이다. 이 종목 역시 한국이 우승을 했다. 최고의 인기 종목이라고 할 축구와 야구에서 모두 우승을 했으니 국민들이 폭발적인 반응을 보였을 것 같지만 상황은 그렇지 않았다. 야구 우승에 대한 반응이 차가웠던 것이다. 야구팀은 축구팀과는 달리 우승을 하고도 욕을 많이 먹었다. 심지어는 병역혜택을 줘서는 안 된다는 여론까지 일었다. 그리고 그 중심에는 선동열 야구 대표팀 감독이 있었다.

선동열 감독은 한국 야구사상 최고의 투수라고 해도 과언이 아닌 스포츠 영웅이다. 미국에 진출하지 못한 것은 두고두고 아쉬운 일이다. 박찬호 선수보다 훨씬 좋은 성적을 거둘 수 있었고, 일본에서 메이저리그로 진출한 다나카 마사히로田中將大나 노모 히데오野茂英雄를 능가할 수 있을 만큼 좋은 구위를 가진 선수였기 때문이다. 아시아 선수로서 미국 야구에 한 획을 그을 수도 있었을 것이다.

하지만 이 '스포츠 영웅'은 아시안게임 국가대표 선발 때문에 국정감사장에까지 불려나가 국회의원들에게 닦달을 당하고 만다. 그는 선수선발 과정에서 금메달을 따기 위해 최고의 선수를 뽑겠다고 공언했는데, 군 미필자이자 실력 면에서 논란이 있었던 오지환, 박해민 선수를 선발한 일 때문에 논란에 휘말린 것이다. 발탁 과정을 밝혀야 한다는 국민청원이 등장하고, 한 시민단체는 선 감독을 부정청탁 및 금품 등 수수에 관한 법률 위반 혐의로 국민권익위원회에 신고하기에 이른다. 이게 뭐라고 금품 수수 혐의까지!

대한민국 최고의 투수로서 쌓은 명성에 커다란 흠집이 난 것은 물론이고, 우승하고도 불명예스럽게 국가대표 감독직을 사퇴하는 초유의 사태가 일어나고 만다. 그는 그토록 훌륭한 투수였지만 국민들은 국가대표 선발 과정에 대한 의혹과 관련해 차가운 눈길을 보냈다.

여론의 수사搜查 수준의 관심이 집중된 것은 잘못된 일이라고 할 수 없다. 이는 선 감독의 선발 과정에 실제로 사심이 작용했는가와는 별개의 문제이다. 공적 영역의 의사결정에 투명성을 요구하는 것은 선진국의 특징이다. 그만큼 우리의 시민의식이 발전했다는 증거일 수도 있다. 따지고 보면 논란이 인 선수들도 나름대로 훌륭한 선수들이다. 얼토당토않은 아마추어 수준의 선수가 선발된 것은 아니었는데도 엄청난 논란이 일었다. 그만큼 우리나라 사람들은 공적인 자리에 오른 사람들이 어떤 선발 과정을 거쳤는가에 대해 큰 관심을 갖는다.

하지만 너무나도 놀라운 것은 국민들이 이 책에서 말하려는 국가대표들이 어떻게 선정되는가에 대해서는 상대적으로 크게 관심을 갖지 않는다는 점이다. 그들은 아시안게임 야구 국가대표로 선발돼 논란이 된 선수들과는 비교도 되지 않을 정도로, 국가대표로 선발될 만한 업적도 없고 능력이 입증된 바도 전혀 없는데도 말이다. 게다가 그들의 사회적 영향력은 엄청나다. 하지만 그들이 국가대표에 선발됐다고 해서 청문회가 열리지도 않고, 인터넷에서 반대 여론이 들불처럼 번지지도 않으며, 청와대 게시판에 청원이 올라오지도 않는다.

심지어 그들은 선발되는 과정도 없다. 선발이 아니기 때문이다. 그들은 아버지를 잘 둬서 국가대표가 된다. 그래서 이 특정 분야의 국가대표는 3대, 심지어는 4대에 이르기까지 세습되고,

대표가 되는 과정도 개선되지 않는다.

여기서 말하는 '그들'은 바로 우리나라 경제를 움직이는 대표 선수들, 재벌기업 총수들이다. 그들은 어떠한 선발 과정도 거치지 않았음에도 불구하고 살벌한 국제 경제의 경쟁 무대에서 국익과 국민의 복지를 걸고 다른 나라의 대표들과 치열한 경쟁을 한다. 그래서 '오마하의 현인', 자본주의가 낳은 불세출의 투자가, 버핏은 "그것(기업의 경영권을 자식에게 물려주는 것)은 올림픽 대표로 그 전에 올림픽 대표를 했던 사람들의 자식들을 뽑는 것과 같다"고 말한 것이다. 버핏의 비유에 감히 자그마한 트집을 잡는다면, 국가대표로 비유된 기업 경영자들은 실제로는 국가대표 체육선수들보다 사회적 영향력이 훨씬 크다는 것이다.

《성경》을 보면, 예수님은 많은 비유를 통해서 하나님의 뜻을 설명했다. 다시 말하지만, 버핏이 경영권 세습을 국가대표 세습에 비유한 것은 그냥 한 말이 아니다. 여러 면에서 너무나 공통점이 많다는 것을 그는 우리에게, 자본주의를 추종하는 신도들에게 '설교'한 것이다. 우리나라에서 올림픽 축구 국가대표로 2부 리그 선수나 고등학교 선수를 아버지가 국가대표였다는 이유로 뽑았다고 생각해 보라. 황의조 선수 때와는 비교도 안 되는 논란이 일 것이다. 아시안게임 야구 국가대표 선발 과정이 아무런 확실한 증거도 없이, 심증만으로도 의심스럽다면서 청문회 대상이 되는 상황이다. 그러면서 정작 자본주의의 슈퍼스타 버핏이 비유를 통해서 강조하려 한 부분, 기업 경영 세습의 어이없음에 대해 무감각하다면 자본주의 공화국의 시민으로서 의무를 다하지 않는 일이 될 것이다.

이 책은 바로 이들 국가대표가 뽑히는 과정의 심대한 오류와 이에 대한 사람들의 무심함에 대한 것이다. 우리가 이 과정에 아시안게임 야구 국가대표로 누가 선발되는가에 대해 갖는 관심의 10분의 1이라도 갖는다면 얼마나 좋을까 하는 바람에서 시작된 작업이다. 이런 오류와 무감각을 효과적으로 반박하기 위해 우리 경제에 대해 상식적인 차원에서 질문을 던지고자 한다. 스포츠나 대중문화에 대한 비유나 비교가 나오는 것은 그것이 이 문제를 이해하는 데 유용하고, 문제가 해결되지 않는 이유와 본질적으로 관련 있기 때문이다.

제 2 장

한국 경제는 왜 발전했는가

한국 경제는 왜 성장을 멈췄는가? 이에 대한 대답을 얻기 위해 먼저 '한국 경제는 왜 과거에 발전했는가?'를 살펴볼 필요가 있다. '왜 발전했는지' 이유를 파악하고, 그 이유가 지금도 한국 사회에 존재하는가를 살펴보고, 없다면 그것을 복구해야 할 것이다. 야구의 타자나 골프 선수가 성적이 떨어지면 하는 일이 있다고 한다. 자신이 예전에 잘 칠 때의 영상을 보면서 지금의 스윙과 무엇이 다른지 비교해 보는 것이다. 그러면 한국 경제가 발전할 때 한국에는 어떤 일들이 일어났는지, 그리고 지금과는 무엇이 달랐는지 살펴보자.

박정희의 신화

한국 경제는 어떻게 도약할 수 있었는가? 한국 경제의 발전 과정을 얘기할 때 압도적으로 많이 거론되는 인물이 있다. 박정희 전 대통령이다. 그는 역대 한국 대통령 가운데 가장 존재감이 큰 사람일 것이다. 대통령은 아무나 되는 것은 아니다. 자신에 대한 과대망상에 가까운 자의식을 갖지 않고서는 대통령이 되기가 힘들다. 그들은 존경이건 경멸이건 극단의 감정을 국민들에게 일으킨다.

박정희는 어떤 이들에게는 나라를 가난에서 구한 영웅이고, 어떤 이들에게는 민주주의를 폭압적으로 누른 독재자이다. 정도는 덜하지만 우리나라 대부분의 대통령들이 그렇게 논쟁적인 인물이다. 하지만 이렇게 존재감이 남다른 사람들 가운데서도 박정희는 톱 오브 톱이라고 해도 과언이 아닐 것이다. 자녀까지 자신의 영향력으로 대통령에 당선시킬 수 있는 사람은 아무래도 박정희밖에 없을 것이다.

그가 이런 존재감을 갖는 것은 대통령을 가장 오래 하기도 했지만, 정부와 대기업 주도의 경제발전을 지휘해 우리를 지금처럼 살게 했다는 믿음 혹은 평가 때문일 것이다. 물론 당시에 다른 사람이 지도자로 나와서 그가 한 것과는 달리 중소기업을 키우는 경제정책을 쓰고 민주주의의 기반을 다졌다면 속도는 늦었을지 몰라도 보다 지속가능한 성장을 할 수 있었을 것이며 오히려 부의 분배가 더 잘됐을 것이라고 반론할 수도 있다.

하지만 경제정책에 대한 논쟁이 어려운 것은 앞에서도 얘기했듯이 타임머신을 타고 과거로 돌아가서 다른 대안을 사용할 수 없다는 점 때문이다. 이미 시행된 정책을 놓고 논의할 수밖에 없는 한계가 있고, 박정희 대통령 체제에서 행한 경제정책 이후 경제가 성장했다는 것은 우리가 겪은 현실이다. 그가 대통령으로서 경제성장에 심혈을 기울였고, 경제적 처방을 하기만 하면 약이 잘 들던 당시 우리 경제 체질을 충분히 활용해 성과를 냈다는 것은 그를 비판하는 사람들도 인정할 것이다. 무엇보다 숫자는 거짓말을 하지 않는다. 국민을 탄압하고, 정적을 감옥에 보내고 죽이려 하고, 가장 치명적으로는 죄 없는 젊은이들을 죽인 것은 사실이지만, 여기서는 경제에 관해서 얘기하고 있다는 것을 양해해 주기 바란다.

문제는 이제는 박정희 같은 대통령이 나온다 해도 경제가 발전하기 어려운 현실이 됐다는 것이다. 대통령을 잘 뽑아서 성장하기에는 우리 경제 규모는 너무 커졌고 글로벌한 변수 또한 너무 많아졌다. 대통령만 잘해서 경제가 잘되는 시절은 이미 지났고, 우리나라 정도 규모의 경제를 가진 다른 나라에서도 그런 일은 일어나지 않는다.

극단적으로 얘기해서, 경제가 안된다고 하루가 멀다 하고 대통령과 그의 정책을 비난하는 일은 경제가 안되는 이유를 모르는 것에 대한 불안감을 일시적으로 잊게 해주는 정신적 자위일 뿐이다. 경제가 잘되는 것이 전적으로 대통령의 공이 아니듯 안되는 것도 대통령의 전적인 잘못은 아니다.

대통령이 그토록 경제성장에 중요하다면 우리는 왜 정치인을 대통령으로 뽑는가? 우리나라에서 가장 뛰어난 경제학자를 대통령으로 뽑아야 할 것이다. 그리고 그를 10년 이상 대통령으로 근무하게 해야 할 것이다. 대통령이 수행하는 정치적 역할을 고려한다 할지라도 경제가 갖는 압도적 비중을 고려한다면, 최소한 누구를 자신의 경제 참모로 삼을지 미리 공표하고 그에 따라 유권자들이 선택을 하는 일이라도 일어나야 한다. 대통령이 되고 싶은 사람은 선거에 앞서 뛰어난 경제 참모를 경쟁적으로 구하고 그의 능력에 대해 국민의 검증을 미리 거치는 일이 필요할 것이다.

하지만 어떤 나라에서도 그런 일은 일어나지 않는다. 정치인이 잘해서 경제가 도약하는 시대는 지났다고 봐야 할 것이다. 그들은 적어도 경제적으로는 예전처럼 중요한 사람들이 아니다. 그런 면에서 박정희 같은 대통령이 없어서, 현재와 최근의 대통령들이 뛰어나지 않아서 경제가 예전처럼 발전하지 못한다고 말하는 것에는 무리가 있을 것이다.

이병철과 정주영

경제발전에 대한 얘기를 하면서 박정희에 비해 상대적으로 간과되는 사람들이 있다. 바로 당시 재계를 이끈 경영자들이다. 이역시 정부 만능주의 사고 때문인지 모른다. 하지만 당시 박정희 정부가 추진한 경제정책 가운데 중요한 부분은 경공업에서 벗어나 화학, 철강, 조선처럼 덩치가 큰 중공업을 키우자는 것이었다. 이를 위해 선택한 것이 대기업 위주의 경제정책이었다. 하지만 이 정책이 성공하기 위해서는 뛰어난 경영자들이 필요했다. 대통령이 기업 경영까지 해줄 수는 없는 일이었다.

　어느 분야든지 거인들은 시대가 '그들'을 필요로 했고, 그들이 시대가 요구하는 능력을 갖췄기 때문에 역사에 등장할 수 있었다. 예나 지금이나 경제 지도자들이 경제에 미치는 영향은 지대하다. 한국 경제 역시 대통령 한 사람의 힘으로 성장한 것은 아니다. 한국 경제가 엄청난 발전을 할 당시, 한국에는 걸출한 기업가들이 있었다. 그들은 단순한 부자가 아니라 기업가였다. 기업가라고 불리려면 모름지기 비전이 있어야 한다. 이병철, 정주영이나 박태준 같은 사람들은 비전과 추진력을 함께 갖춘 기업가들이었다.

　그들이 성과를 이뤄 내는 과정에서 어떤 부작용이 있었는가는 여기서 얘기하려는 주제와 상관없는 일이다. 그들 역시 사회의

한 구성원이었고 개인들에게, 특히 이익을 추구하는 것이 목적인 기업인들에게 그 사회가 가진 수준 이상의 도덕성을 요구하기는 힘들다. 인간의 욕망이 부도덕한 방향으로 빗나가지 않게 하기 위해서는 효과적인 규제체계가 있어야 하고, 그것을 제대로 수행하기 위해서는 성숙한 국민의식과 정치적 리더십, 엄정한 법집행이 있어야 한다. 그것이 지속가능하고 시스템적인 방법이다. 개인의 도덕적 탁월함과 의무감에 의존할 수는 없는 것이다. 그것은 '당대 사회가 얼마나 수준 높은가'와도 상관이 있다.

미국 경제를 세계 최고로 이끈 카네기Andrew Carnegie나 록펠러John Davison Rockefeller, J. P. 모건John Pierpont Morgan 같은 기업가들도 독점과 노조탄압 등 윤리적으로 자랑스럽지 못한 이면을 갖고 있었다. 하지만 그들이 미국 경제가 세계 최강으로 성장하는 데 큰 공헌을 한 거인들이라는 것을 부인하기는 힘들다. 그들의 행위를 당대가 아닌 지금의 잣대로 판단할 수는 없다. 아무도 그런 한계에서 자유로울 수 없다. 링컨조차도 지금의 기준으로 판단한다면 인종차별주의자일 것이다. 하지만 링컨기념관을 찾은 흑인들 가운데 그를 비난하는 사람들은 거의 없을 것이다.

사회는 개인들의 잘못에 대한 반성을 토대로 제도를 개선하고 발전한다. 사회가 경제적으로 발전하려면 그 사회에서 가장 유능한 사람들이 도덕적으로 잘못 나가지 않도록 제도적으로 유도해야 한다. 그 사람들이 부도덕한 일을 하지 못하도록 하는 것은 그들의 개인적인 양심도 있겠지만 규제가 얼마나 촘촘하고 실효성 있는가에 달려 있다 할 것이다.

어쨌건 이병철, 정주영 같은 기업가들은 어떻게 하면 돈을 버는지 아는, 그 분야에서는 '천재'적인 사람들이었다. 그들은 대부분 개천에서 난 용들이었고, 거의 자기 혼자 힘으로 기업을 만들어 냈다. 특히 경제의 흐름을 직감적으로 파악하여 어떤 분야로 진출하고 투자해야 하는가를 결정하는 능력에서 탁월했다. 그들이 간 곳은 길이 나지 않은 곳이었다. 그들은 선구자들이었고, 큰 그림을 보는 사람들이었다. 남들은 미처 생각하지 못한 부분에 대해서 이른바 '아웃 오브 박스out of the box'적(창의적)인 사고를 할 줄 아는 사람들이었다.

일본 것보다 훨씬 품질이 떨어지는 가전제품이나 겨우 만들던 시대, 전자회사는 세탁기를 만드는 회사인 줄 알던 시대에 반도체라는, "이것이 무엇에 쓰는 물건인고"라는 질문을 낳게 하는 물건을 만들기 위해 대규모 투자를 할 생각을 한 사람들이다. 국내 시장에서 자잘한 소비재들을 만들어 파는 대신 선진국들이 만드는 자동차, 배, 건물 같은 커다란 제품, 하나 팔면 소비제품 수천 개 파는 것보다 많은 돈을 벌 수 있는 제품을 외국에 팔겠다는 허풍선 같은 비전을 가졌던 사람들이다.

삼성을 창업한 이병철 회장의 경우를 생각해 보자. 그는 사실 개천에서 용이 났다고 하기에는 약간 부족한 면이 있을지도 모른

1983년 한 전시회장에서 함께한 고 이병철 회장(왼쪽), 고 정주영 회장(가운데), 고 박태준 회장(오른쪽). 사진을 꽉 채우는 엄청난 존재감. 요즘 기업인들에게는 없는 '그것'.

다. 지주 집안 출신이기 때문이다. 하지만 그 정도의 지주는 당시 상당히 많았을 것이다. 게다가 일본에 유학 갈 돈을 다른 사람에게 빌렸다는 것을 보면 그렇게까지 잘사는 집은 아니었던 것으로 보인다. 어쨌거나 고향에서 노름으로 세월을 보내던 그는 1938년, 29세의 나이에 깨달은 바가 있어 대구에서 삼성상회를 설립한다. 집안이 유복하니 쉽게 살 수도 있었을 텐데, 이미 20대 초반부터 사업 할 생각을 하고 있었다고 한다. 청과류 등을 중개하던 그는 이후 1953년부터 제조업에 본격적으로 뛰어든다. 수출이 필요하던 한국에서 제조업이야말로 가장 큰 가능성이 있는 무대였다.

이후 그가 세운 업적은 너무나도 잘 알려진 사실이고 한국 경제발전사의 상당 부분을 차지한다 해도 과언이 아니다. 그가 세운 회사들을 살펴보자. 제일모직, 제일합섬, 제일제당, 삼성물산, 신세계백화점, 삼성생명의 전신인 동방생명, 삼성화재보험의 전신인 안국화재보험, 전주제지, 동양방송, 삼성전자, 삼성전기, 삼성중공업, 삼성석유화학, 삼성정밀, 에버랜드의 전신인 용인자연농원 등이다. 자동차사업에서 처음 쓴맛을 봐서인지 자동차 빼고는 한국 경제의 모든 분야가 포함돼 있다고 해도 과언이 아니다. 정부가 대기업 위주 정책을 폈다고는 하지만 이렇게까지 많은 회사를 설립하고 운영한다는 것은 사업과 조직에 대한 탁월한 능력과 개인생활을 포기한 일중독증이 없고는 불가능한 일이다.

더욱 놀라운 것은 삼성이 진출한 거의 모든 분야에서 1등을 했다는 것이다. 한 분야에서만 1등을 하는 것도 힘든데, 이토록 많은 분야에서 1등을 했다는 것은 경이로운 일이다. 한 세대에 나올까 말까 한 천재적인 경영인이라 해도 과언이 아닐 것이다. 삼성그룹에 속하거나 속했던 회사들 상당수가 아직도 업계에서 주도적 위치를 지키는 것도 그가 생전에 구성원들에게 각인시킨 조직문화 때문으로 보인다. 이병철 회장에게는 사후 국민훈장 무궁화장이 추서됐지만, 사실 조금 야박한 면이 있다. 그가 벌어들인 외화와 그가 세운 기업들이 고용한 수많은 가장들을 생각해보라. 생전에 무궁화장을 수여했어도 좋을 일이었다.

사실 우리는 이런 기업인들의 업적을 긍정적인 면에서 좀더 조명할 필요가 있다. 그들이 기업의 성장 과정에서 옳지 못한 일들을 한 것은 사실이다. 하지만 한 인간에 대한 평가는 종합적으로 해야 한다. 플러스마이너스를 따져서 플러스가 마이너스를 압도하는지, 혹은 플러스가 많은 것은 사실이지만 마이너스 가운데 도저히 용납되지 않는 부분이 있는지 냉정하게 볼 필요가 있다는 말이다. 그들의 업적을 무시하는 것은 우리 역사를 외면하는 것에 다름 아니다.

아카데미 시상식을 보면 가끔 놀라운 일이 벌어진다. 로버트 드 니로Robert De Niro처럼 유명한 배우가 나오면 시상식장을 메운

많은 사람들이 일제히 기립박수를 보내는 것이다. 우리에게는 다소 낯선 일이다. 그들은 왜 그런 일을 하겠는가? 그것은 단순히 드 니로 개인에 대한 기립박수는 아닐 것이다. 드 니로의 인품에 대한 경의도 아닐 것이다. 그것은 드 니로가 이루고 상징하는, 연기 분야에서의 탁월함과 업적에 대한 경의이다.

사회가 한 분야에서 성취한 탁월함에 대해 집단적으로, 의식적으로 경의를 표하는 것은 매우 중요한 일이다. 그것은 정당하게 그 자리에 오른 사람은 존경받는다는 사실을 사회와 구성원들에게 각인시키고, 그럼으로써 다른 사람들로 하여금 업적과 탁월함을 성취하도록 동기를 부여하는 효과가 있다. 동시에, 탁월함과 업적 없이는 존경받는 자리에 오를 수 없다는 사실을 구성원들에게 상기시켜 불공정한 일이 일어나는 것을 경계하는 효과도 있다.

미국과 유럽은 그런 일에 매우 능하다. 거의 모든 스포츠에 명예의 전당이 있고 그곳에 입회하는 사람에 대해 매우 엄격한 심사를 거치지만, 일단 입회가 되면 성대한 의례를 통해 그의 업적을 기린다. 우리도 이병철, 정주영, 박태준과 같은 뛰어난 경영인들의 성과에 경의를 표하는 집단적인 공감대 형성이 필요하다. 언론이나 공론의 장에 뛰어난 기업인들을 보다 긍정적인 면에서 조명하는 것을 금기시하는 분위기가 있는 것은 유감이다. 업적과 탁월함을 칭찬하지 않다 보니 뛰어난 기업인을 보는 시각이 지나치게 부정적이고, 반대로 업적과 탁월함 없이 높은 지위에 오른 데 대한 비판도 없다.

사회는 천재적인 기업가를 필요로 한다

기업가에게는 당연히 천재적인 자질이 필요하다. 큰 부자는 하늘이 내린다는 말이 있지만 이 말을 잘못 이해하면 문제이다. 아버지에게 물려받은 선산에 아파트 단지가 들어서서, 친구가 꾼 돈을 갚지 못해 미안하다면서 주기에 받아 뒀던 주식이 갑자기 올라서, 직장 동료들이랑 점심 먹고 들어가는 길에 재미로 산 복권이 당첨돼서 돈을 버는 것은 아무에게라도 일어날 수 있는 일이고, 그래서 더욱 하늘이 내린 일인지 모른다.

하지만 아무나 돈을 벌 수는 있어도, 아무나 기업가가 돼서 새로운 가치를 창출하고, 경제를 먹여 살리고, 수많은 사람들을 고용하고, 그들이 먹고살 수 있도록 해줄 수는 없다. 운은 그런 식으로 작용하지는 않는다. 그것을 인정하지 않으면 큰 문제가 생긴다. 아무나 회사를 경영할 수 있다는, 그야말로 터무니없고 위험한 생각을 하게 되기 때문이다.

우리보다 경제구조가 더 복잡한 미국을 봐도 알 수 있다. 상식적으로 부시나 클린턴, 오바마, 트럼프 등 역대 정부의 경제정책에 따라서 미국 경제가 얼마나 성장했는지 알 수 없고, 그들이 변수이기나 했는지조차 의심스럽다.

현재 미국 경제를 이끄는 것은 대통령보다는 유튜브YouTube나 페이스북Facebook 같은 IT 기업을 창업한 젊은 기업인들이다. 미국은 여전히 끊임없이 배출되는 천재적 기업가들이 공급하는 활력을 바탕으로 세계 최고의 자리를 유지하고 있다. 현대의 미국 기업가들에 앞서 유럽, 특히 영국에 뒤졌던 미국을 세계 최강국으로 만든 것도 기업가들이다. 카네기나 록펠러, 에디슨Thomas A. Edison, 밴더빌트Cornelius Vanderbilt 등의 혁신가들은 독점기업 형성 등 부작용에도 불구하고 탁월한 능력으로 미국 경제를 도약시켰다.

가난한 스코틀랜드 이민자 가정에서 태어난 앤드류 카네기는 전보를 전달하는, 우리 식으로 얘기하면 아르바이트 소년에서 시작해 세계에서 가장 부유한 기업가로 성장한 입지전적 인물이다. 철도사업에서 돈을 번 그는 뭔가를 만드는 일을 시작했고, 그것이 철강사업이었다. 철강기술에서 혁신을 이룬 그는 철강제조단가를 낮추고 세계에서 가장 큰 철강회사를 키웠다. 이 과정에서 미국의 철강생산량은 영국을 넘어섰고, 그의 회사에서 만든 철강은 철도와 다리 건설에 사용돼 미국의 경제발전에 큰 공헌을 했다.

왼쪽은 앤드류 카네기, 오른쪽은 코넬리우스 밴더빌트.
이들이 만들어 낸 철강과 철도가 없는 미국 경제는 생각할 수 없다.

한국이든 미국이든 경제발전 과정에 경제계의 거인들이 기여한 부분이 지대하다는 사실은 부인할 수 없다. 걸출한 경제 지도자 없이 경세가 발전한다는 것은 예나 시금이나 불가능하고, 미래에도 그럴 것이다.

다시 상식적으로 보자. 경제 분야뿐만이 아니다. 인류를 발전시킨 과학적, 기술적, 예술적 혁신들은 대부분 천재들이 주도한 것이다. 사회가 발전하려면 그들의 천재성에 걸맞은 부와 지위를 보장함으로써 그들에게 동기부여를 하고 사회는 대신 그들의 천재성으로부터 혜택을 얻어야 한다. 기업가로서의 천재성을 가진 사람들이 경영인이 되도록 장려하고 그렇지 못한 사람들이 경영인이 되는 것은 걸러 낼 수 있어야 경제가 발전하는 것이다.

지금 이 시대를 사는 한국인들은 자동차를 운전하고, 핸드폰을 사용하고, 아이들을 영어학원에 보내고, 영화관에서 팝콘을 먹으면서 그룹 퀸에 대한 영화를 보는 사소한 일상생활, 지금 수준으로 경제의 파이가 커진 것으로 인해 자신들에게 돌아오는 이 모든 물질적 혜택들과 관련해 과거와 현재의 기업가들에게 일정 부분 빚을 지고 산다 해도 과언은 아니다.

물론 그들이 인류의 복지와 우리의 행복을 위해 사업을 하고 그토록 열심히 혁신을 한 것은 아니다. 그들은 자기들 먹고살려고 그렇게 열심히 일한 것이지만, 그들의 노력이 동반한 과실을 우리가 취하고 산다는 것은 부인할 수 없다. 한국 경제가 발전할 때의 과정을 보면 경제계에 이런 천재적인 기업가들이 많았다. 물론 그들이 만든 기업 가운데 망한 기업도 있다. 하지만 그 기업들이 존재하는 동안, 수많은 사람들이 그들 덕에 돈을 벌고 자식을 키우고 생계를 이어 갔을 것이다. 기업가들, 심지어 실패한 기업가들조차 국민들의 생활에 엄청난 영향을 미친다.

스티브 잡스Steve Jobs가 죽었을 때 그것이 국내에서도 큰 뉴스가 됐다. 뉴스를 업으로 하는 사람이 봐도 다소 놀라운 일이었다. 그는 우리나라 사람도 아니고 연예인도 아니었다. 기자의 입장에서 보면, 그것은 그저 하나의 '국제뉴스'였다. 우리나라에서 국제뉴스가 그렇게 큰 화제를 불러일으키는 일은 그다지 많지 않다. 우리의 뉴스 소비 성향은 경제 규모나 발전 정도를 고려할

스티브 잡스. 뛰어난 기업인이 스타가 되는 세상이다.　사진: Acaben

때 다소 국수적인 면이 있다. 그런데 잡스의 경우는 달랐다. 인
터넷에서 그의 죽음은 하루 종일 대단한 화제가 됐다.

　그 일은 기업가가 우리에게 어떤 존재인가를 새삼 생각하는
계기가 됐다. 예를 들어서 로널드 레이건Ronald Reagan 전 미국 대
통령의 경우 8년 동안이나 재임했고 우리나라 사람들에게 매우
익숙한 존재였지만, 그가 죽었을 때를 생각하면 사람들의 반응
이 잡스와 비교해 상대적으로 덤덤했던 것 같다. 왜 우리가 개인
적으로 잘 알지도 못하는 한 미국 사업가의 죽음이 그토록 화제
가 된 것일까?

그것은 아마도 우리의 일상생활에 그가 너무나 많은 영향을 미쳤기 때문일 것이다. 아침에 스마트폰에 설치된 알람 앱 소리를 듣고 일어나서 인터넷으로 날씨를 체크한 후 거기에 맞는 옷을 입고, 지하철에서 음악을 듣고 친구와 메시지를 주고받고 온라인 게임을 하는 모든 일상에 잡스가 평생에 이룬 결과물들이 녹아 있다고 해도 과언이 아니다. 이글스Eagles의 〈호텔 캘리포니아Hotel California〉는 팝 사상 가장 뛰어난 걸작 가운데 하나이지만 우리가 그 노래를 매일 듣지는 않는다. 하지만 스티브 잡스가 이뤄 낸 혁신들로 인해 만들어진 제품과 서비스들은 그가 인격적으로 어떤 사람이었는지, 존경받을 만한 사람이었는지와는 관계없이 우리의 일상에 지금도 영향을 미친다.

미국에는 있고
한국에는 없는 것

기업가가 한 나라의 경제에 미치는 영향은 미국만 봐도 알 수 있다. 미국은 우리나라보다 잘사는데도 불구하고 여전히 경제성장률이 우리에 뒤지지 않는다. 선진국의 성장률 2%와 그 뒤에 처져 있는 나라의 성장률 2%는 차원이 다르다. 선진국의 성장률 2%는 그렇지 못한 나라의 성장률 5~10%와 맞먹을 수 있다.

반에서 1등 하는 학생이 평균 점수 1점 높이기는 중간 정도 하는 학생이 5점 올리는 것보다 힘든 것과 같은 이치이다.

그런데도 미국은 심지어 우리나라의 경제성장률을 앞선다. 21세기 전에는 상상도 할 수 없는 일이었다. 미국의 경제 활력은 여전히 세계 최고 수준이다. 미국은 우리에게 늘 잘사는 나라였다. 우리가 기억하는 한 미국은 못살았던 적이 없다. 늘 세계 최고의 경제대국이었다. 우리 기억 속에 있는 미국에 대한 이런 인식은 90이 넘은 노인에서 초등학생에 이르기까지 똑같다.

그래서 우리는 미국이 왜 잘사는가에 대해서는 다소 무감각해졌는지 모른다. 하지만 그들은 그저 할아버지 때부터 잘살았고, 지금도 돈이 부족하면 달러를 발행해서 잘사는 것이 아니다. 그들이 계속 잘사는 중요한 이유는 계속해서 나오는 위대한 기업가들이다. 원-히트 원더one-hit wonder가 아니라 히트곡을 계속 내는 가수이다. 미국의 기업가들이 얼마나 계속 혁신을 하고 히트작을 내는가는 태평양을 건너 사는 우리들의 일상에 그들이 얼마나 큰 영향을 미치는가, 잠시만 둘러봐도 안다.

한국인, 특히 젊은이들이 회사나 집에서 가장 많이 접하는 영상매체는 더 이상 특정 방송사가 아니다. 컴퓨터를 열거나 전화기 화면에 손가락만 대면 나오는 온라인 매체, 미국에서 세 명의 젊은이들이 창설해 세계적 공룡기업이 된 유튜브일 것이다.

태극기 부대를 팬 층으로 거느린 골수 보수 논객들에서부터

어마어마한 양의 음식을 맛있게 먹어서 수십억 원을 번다는 젊은이, 육아하는 과정을 생중계해서 떼돈을 벌었다는 젊은 부부에 이르기까지 상상할 수 없이 다양한 사람들이 생산하는 다양한 콘텐츠가 유튜브를 통해 전 세계에 소개된다. 클래식 음악을 듣고 싶으면 검색창에 작곡가와 연주자 이름을 넣기만 하면 영상과 함께 음악을 즐길 수 있고, 심지어 야동에 가까운 영화들까지 볼 수 있다. 인기 있는 유튜버들은 젊은이들에게 선망의 대상이다.

유튜브를 설립한 이들은 페이팔PayPal이라는 온라인 결제수단 회사에 다니던 세 명의 젊은이들, 채드 헐리Chad Hurley, 스티브 첸Steve Chen과 자베드 카림Jawed Karim이다. 2005년에 설립되어 불과 20년이 안 된 이 기업은 무서운 기세로 세계 영상시장을 접수했다. 가장 주도적으로 회사를 설립한 것으로 알려진 채드 헐리가 1977년생이라고 하니, 그의 나이 28세에 유튜브를 설립했다는 얘기이다. 한국 같으면 갓 졸업해서 취직을 걱정하고 있을 나이에 이들은 전 세계 영상시장을 장악한 매체를 설립했다. 왜 우리나라에서는 이런 젊은 기업가들이 나오지 않는지, 거기에 대한 해답을 찾고 그런 젊은이들이 나오도록 하는 것이 경제에 대한 해답을 찾는 출발점이다.

그런 의미에서 예나 지금이나 경제를 키우는 방법은 전혀 변하지 않았다. 잘나가는 경제는 잡스나 헐리 같은 사람을 필요로 한다. 미국과 우리나라의 차이는 그들에게는 헐리 같은 사람들이 있고 우리나라에는 없다는 점이다. 우리나라도 정주영 같은 사람들이 다시 필요한 것이다.

어쨌거나 불과 20년이 안 된 이 기업은 무서운 기세로 세계 영상시장을 접수하고 있다. 그리고 20년 전 우리가 알지도 못했던 어느 미국 회사에 근무하던 젊은이들이 쏜 유탄은 필자가 근무하는 방송사에 직격으로 날아들었다. 유튜브는 대한민국에서 생산되는 콘텐츠들을 먹방에 나오는 개그맨들이 폭식하듯 집어삼키고 있다. 한국 국적의 유통자들을 모두 고사시킬 기세인 듯하다.

이것은 사실 대세라고 그냥 지나치기에는 불안하기도 하고 부끄럽기도 하다. 콘텐츠 유통망을 그들이 독점했을 때 콘텐츠를 제공하는 사람들의 종속 현상이 일어날까 걱정이고, 우리나라의 콘텐츠 유통자들은 왜 제공자들과 상생하는 모델을 만들지 못했는가에 대한 부끄러움이다. 유튜브는 구독자가 10만 명 이상인 채널만 1,200개가 넘는다고 하며, 4천억 원 이상의 매출을 올리는 것으로 추정된다. 급기야 국세청에서 유튜브를 운영하는 구글 코리아에 대한 세무조사에 나서는 상황이 됐다.

이것은 미국 국민 입장에서 보면 그야말로 대박이다. 한국에서만 모회사인 구글 코리아가 4조 원이 넘는 매출을 올린다고 한다. 지구상에 있는 그 많은 나라에서 거둬 가는 돈과 그 돈이 미국으로 들어가는 현실을 생각해 보라. 미국은 이렇게 해서 세계 최고의 자리를 유지하는 것이다. 재능 있는 사람들이 창업을 하고, 이미 자리를 잡은 기업들도 유능한 사람들이 지도자 자리에 올라서 온 나라를 먹여 살린다.

우리나라도 이런 상황을 만들어 주지 않으면 세계와의 경쟁에서 결단코 이길 수 없다. 똑똑한 젊은이들이 온통 행정고시에 붙어서 나중에 힘 있는 자리에 오르고, 안정적인 직장생활 하다가 장·차관 되고, 전관예우 받아서 산하 단체장이나 로펌에 가고, 그것도 끝나면 나중에 수백만 원 되는 공무원연금 받으려 하는 사회, 그나마 사기업에 취직한 재능 있는 사람들도 재벌 총수를 잘 모시는 일에 치중해야 하는 사회는 가망이 없다. 이것은 분명 진실이다. 한 나라의 경제에서 혁신을 주도하는 기업가들이 얼마나 중요한지는 새삼 설명할 필요가 없음에도 이렇게 구구절절 설명해야 하는 게 우리나라의 현실이다.

미국은 유럽 대륙과 영국에 한참 뒤져서 시작했지만 카네기 같은 혁신가들의 노력과 비전에 힘입어 막대한 부를 축적할 수 있었다. 20세기 미국 경제를 그들이 만들었다 해도 과언은 아니다. 그들이 만들어 낸 철강과 인프라, 석유, 전기는 유럽을 압도하고 짧은 시간 안에 미국을 최강대국으로 도약시킬 수 있었다. 그들을 떼어 놓고서는 미국 경제를 생각할 수 없다. 21세기 들어서 스티브 잡스나 빌 게이츠Bill Gates 없는 미국 경제를 생각할 수 없듯이 말이다. 이는 히딩크 감독 없이 2002년 월드컵 4강을 생각할 수 없고, 이순신 장군 없이 임진왜란 극복을 생각할 수 없는 것과 마찬가지이다.

　역사에서 다수 민중의 역할이 중요하다고 얘기하는 것은 정치적으로 옳은politically correct 일이다. 하지만 그렇다고 해서 엘리트들의 세상에 대한 공헌을 무시하는 것은 어리석고 위선적이기까지 하다. 훌륭한 지도자 없이 뭔가를 이루기는 힘든 일이다. 그것은 상식이다. 그들의 회사에서 일했던 수많은 노동자들과 경영인들의 기여가 없었다는 것이 아니다. 하지만 기업가들을 빼놓고 한국 경제를 생각할 수는 없는 것 아닌가.

지금은 어떤가

그렇다면 당연히 뒤따르는 의문이 있다. 한국 경제가 살될 때 뛰어난 경영자들이 있었다면, 경제가 지금 안되는 것은 바로 그런 지도자들이 없기 때문인가? 즉, '지금 우리 경제를 이끄는 대기업 총수들은 이병철, 정주영에 못 미치는 사람들이고 그래서 경제가 안되는 것은 아닌가?'라는 지극히 상식적인 의문에 도달하게 된다. 이럴 때 쓰는 영어가 있다. 빙고Bingo!

　수평적인 비교를 해보자. 우리나라에서 스티브 잡스나 빌 게이츠와 동급의 업적을 가진 기업가를 기대하는 것은 무리가 있겠지만, 최소한 한국의 스티브 잡스, 한국의 빌 게이츠라고 불릴 만한 기업가라도 있는가? 아니 제 2의 정주영, 이병철이라고 불릴 만한 기업가들이 나타났는가? 우리는 걸핏하면 제 2의 ○○라는 표현을 쓴다. 하지만 적어도 기업가와 관련해 그런 말을 쓸 일은 없다. 제 2의 정주영, 이병철이라고 할 만한 경제인이 없다. 한국 역사에서의 수직적 비교뿐 아니라 동시대에 새로운 세대의 혁신가들을 배출하면서 발전하고 있는 다른 나라와의 수평적 비교를 해봐도 그 대답은 명백해진다.

그렇다면 왜 우리 사회에서는 이제 정주영이나 이병철 같은 사업가들이 나오지 않는 것인가? 그들이 사회에서 두각을 드러낸 것은 불과 수십 년 전의 일이다. 그동안 한국의 교육은 훨씬 더 발전했고 사회는 선진화됐으며 인구도 늘었다. 수많은 젊은 이들이 정주영, 이병철이 받은 것과는 비교도 할 수 없을 정도로 좋은 교육을 받고 외국의 앞서가는 문물까지 흡수했다. 하지만 그들을 능가하는 기업인이 나오기는커녕 비견이 될 만한 사람조차 단 한 명도 나오지 않았다. 이것이 정상적인 상황인가? 그들과 같은 창업을 하기에는 대기업 구조가 기득권으로 굳어져 있다는 점을 고려한다 해도 이것은 심하다. 미국에서는 빌 게이츠나 스티브 잡스 같은 기업가들이 아직도 나오고 있는데 왜 우리나라에는 그런 사람들이 자취를 감췄는가 말이다.

유감스럽게도 우리 사회는 더 이상 혁신적인 기업가들이 나올 수 있는 환경을 제공하지 못하는 듯하다. 비유적으로 얘기해서,

손흥민 같은 자질을 가진 청소년에게 국가대표가 될 기회가 주어지지 않는 상황인 것이다. 정주영이나 이병철 같은 기업가적 자질을 가진 청년들은 아직도 어디엔가 있을 것이다. 몇십 년 안에 한국인의 유전자적 특성이 바뀌지 않았다면 말이다. 하지만 옛날과 다른 것은 그들에게 기업을 운영할 기회가 더 이상 주어지지 않는다는 점이다.

그 대신 그 기회는 정주영이나 이병철 같은 기업가들의 후손들에게 돌아가고 있다. 기업가적 자질을 가진 청년들이 대기업에 취직하고, 거기서 두각을 드러내서 의사결정을 하는 최고경영자가 되고, 엄청난 부를 쌓고, 그래서 더 많은 재능 있는 젊은 이들이 그들을 따라 기업 분야에 진출하는 일은 일어나지 않는다. 한국의 대기업이 한국에서 가장 뛰어난 인재들이 능력을 발휘할 무대를 제공하지 못하는 것이다.

그렇다고 창업을 해서 자신의 기업을 세우기에는 대기업이 차지하는 비중이 너무 커져서 비집고 들어갈 틈이 없다. 기술적 우위를 가진 중소기업으로 시작해 대기업으로 성장하려 시도하는 기업들이 있다. 하지만 이런 경우 너무나 많이 듣게 되는 얘기가 있다. 그 분야에 대기업이 진출해 자리를 빼앗거나 갑질로 기술과 이익을 빼앗아 좌절했다는 것이다. 일부 자수성가한 사업가들이 대기업이 진출하지 않은 분야에서 혜성처럼 나타나기도 하지만, 이런 경우에는 지속적인 성장이 가능한 기술혁신을 통해 두각을 드러낸 것이 아니어서 망하는 경우가 많다. 최근에 자신이 창업한 회사와 아이디어로 대기업과의 경쟁을 이기고 이른바 총수의 타이틀을 갖게 된 사람은 극히 드물다.

더 이상 '다이내믹 코리아'는 없다. 물론 그런 사람이 아예 없는 것은 아니다. 증권업계의 박현주 회장은 어찌 보면 유일하다시피하게 월급쟁이 신화를 쓴 사람이다. 이명박 전 대통령은 '신화'적 수준으로 높은 지위에 올랐지만 자신의 회사를 창업한 것은 아니다. 반면 박현주 회장은 월급쟁이로 시작해 재벌 기업들이 운영하는 증권사들을 제치고 매출 1위의 증권사를 만들었으니 대단하다.

인력은 매우 냉정하게 움직인다. 돈 걱정하지 않고 살 수 있는 곳, 돈을 벌 가능성이 높은 곳으로 움직인다. 우리나라에서 가장 똑똑하다는 청년들은 오늘날 대부분 고시를 통해 공무원이 되려고 한다. 그것이 어려우면 공기업에라도 가려고 한다. 공대를 가서 기술을 개발하기보다는 안정적인 의사 자격증을 따려고 한다. 기업 분야에서 열심히 노력해 봐야 크게 성공할 일이 없다고 많은 젊은이들은 생각하는 듯하다. 2019년 1월 28일, 이와 관련된 기사가 하나 뜬다.

올해 신입직 취업을 준비하는 구직자들이 가장 원하는 직장은 공기업이라는 조사 결과가 나왔다. 28일 취업포털 잡코리아에 따르면 최근 신입직 취업 준비생 1,347명을 대상으로 설문조사를 한 결과 가장 취업하고 싶은 기업으로 '공기업'을 꼽은 응답자가 전체의 46.0%로 거의 절반에 달했다. ―〈연합뉴스〉, 2019. 1. 28.

구직자의 절반이 공기업에 취직하기를 원하는 나라의 발전 가능성은 상식적으로 얼마나 될 것인가? 어느 방송을 보다가 투자의 귀재라고 하는 짐 로저스Jim Rogers 미국 로저스홀딩스 회장이 우리 젊은이들을 대상으로 강연하는 것을 본 적이 있다. 그는 한국에 투자하지 않는 이유로 한국의 공시 열풍을 들었다. 실제로 대학생 5명 가운데 1명은 공무원 시험을 봤거나 응시 계획이 있다고 대답했다고 한다.

로저스의 말은 젊은이들이 너도 나도 공무원이 되려고 하는 경세에서 기대할 것이 없다는 취지였다. 방송이니 그렇게 예의바르게 얘기했을 것이다. 사석이었다면 보다 신랄하게 얘기하지 않았을까. 싹수가 노랗다? 로저스의 관찰은 어찌 보면 이 책이 주장하는 내용과 일맥상통하는 바가 있다. 경제에 대한 분석이 복잡하고 학문적일 필요는 없다. 상식적이고 직관적인 관찰만으로 충분할 경우가 많다는 것이다.

재능과 노력으로 도전해서 정주영 회장처럼 돈을 벌 수 있다면 재능은 그쪽으로 움직일 텐데 그럴 가능성이 없다는 것을 젊은이들은 잘 아는 듯하다. 재능 있는 사람들이 기업을 하고 기술을 혁신하는 쪽으로 움직이지 않고서야 경제가 발전할 수 없다. 시장경제적 차원에서 볼 때 인력 수급의 왜곡현상이 일어나고 있다는 것이다.

피는 묽어지고 있다

천재적 자질이 유전된다면 지금까지 한 얘기는 다 헛소리가 될 것이다. 이런 것이 유전된다면 세습이야말로 가장 적자생존적이고, 시장경제적이고, 효율적인 수단이 될 것이다. 재벌의 세습 체제야말로 가장 과학적인 경영기법으로서 경영학 원론에서 모든 경영학도들이 공부해야 할 것이다. 리더십 이론이 무슨 필요가 있겠는가? 차라리 그것이 진실이라면 우리나라 같이 세습에 관대한 나라는 번영을 계속할 것이다. 기업은 위대한 경영자 가문의 지도 아래 실패하는 일도 없을 것이다.

사업상의 천재적 자질은 IQ로도 측정되지 않는 무형적 현상이기 때문에 이를 입증하는 일은 불가능하다고 할 것이다. 그것을 굳이 입증해야 하는 것도 아니지만 여러 분야에서 예를 살펴보는 것은 우리가 문제를 실제로 '느끼는 데' 도움이 될 것이다.

말馬이라면 말言이 될 텐데 …

현대 미국 경마 사상 가장 위대한 경주마는 무엇일까? 이 질문에 대한 답에는 거의 이론의 여지가 없다. 그것은 세크리테리어트 Secretariat라는 종마이다. 위키피디아에 이 말의 이름을 치면 웬만한 위인보다 더 긴 설명이 뜬다. 역사상 비중이 높은 사람일수록 위키피디아의 서술은 길어진다. 세크리테리어트에 대한 기술은 대단히 길어서, 무려 11개 항목에 걸쳐서 세크리테리어트의 '마생'(?)과 '업적'이 구구절절 서술되어 있다. 아카데미 주연상을 받은 웬만한 배우 못지않게 길다. 한 마리 짐승에게 이토록 많은 서술이 허용됐다는 것이 놀랍고 어찌 보면 약간 웃기기도 하다.

많은 영화평론가들이 꼽는 미국 역사상 가장 위대한 배우로 캐서린 헵번Katharine Hepburn이 있다. 그녀는 아카데미 여우주연상을 4번이나 수상했는데, 첫 수상이 1934년이고 마지막 수상이 1982년이다. 무려 60여 년에 걸쳐 미국 영화계 최고의 배우로 활약한 그녀에 대한 위키피디아 항목은 10개이다.

또한, 위키피디아에 보면 세크리테리어트의 이름 뒤에는 괄호와 함께 1970년 3월 30일에 출생해서 1989년 10월 4일에 죽었다는 설명이 붙어 있다. 사람과 같다. 불과 19년을 살았지만 세크리테리어트는 그야말로 불꽃(?) 같이 살며 전무후무한 기록을 세웠다.

세크리테리어트는 2살에 경마에 데뷔해서 첫 대회에서만 4등을 했고, 나머지 참가한 8개 대회 가운데 7개 대회에서 우승을 했다. 우승하지 못한 1개 대회에서도 실제로는 1등으로 들어왔지만, 다른 말을 방해했다는 판정으로 1등 자격이 박탈됐다고 한다. 데뷔한 해에 '올해의 경주마'에 선정됐고, 다음 해에는 25년 만에 처음으로 미국에서 가장 큰 경마대회 3개(켄터키 더비 Kentucky Derby, 프리크니스 스테이크스Preakness Stakes, 벨몬트 스테이크스Belmont Stakes)를 휩쓰는 이른바 트리플 크라운을 달성하며 다시 올해의 경주마에 선정됐다. 전성기에는 다른 말들과의 기량 차이가 너무나도 현저해서, 한 대회에서는 2등과의 거리 차이가 거의 80미터가 났고 이는 역사상 가장 압도적인 경기라고 평가된다. 이는 마치 타이거 우즈Tiger Woods가 2000년 US오픈에서 2등 어니 엘스Ernie Els와 15타 차이라는, 골프에서 일어나기 힘든 스코어 차이로 우승한 것과 비슷하다 할 것이다.

세크리테리어트에 대해서 길게 얘기한 것은 이 말이 경마에 있어서 압도적인 '천재'였다는 것을 설명하기 위해서이다. 그렇다면 궁금해지는 게 있다. 그의 이 같은 자질은 자손들에게 유전됐을까? 공식적으로 세크리테리어트는 663마리의 망아지를 후손으로 뒀다고 한다. 왜 이렇게 자손이 많았는가? 우수한 말들은 마주가 엄청난 돈을 받고 씨 내림을 하기 때문이다. 그런데 이 가운데 무려 절반이 넘는 341마리가 경주에서 우승을 했고,

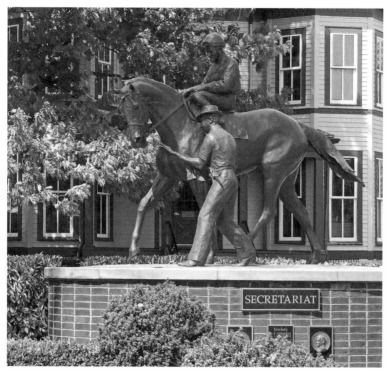

켄터키 호스 파크의 세크리테리어트 동상. 말에게 동상이 헌정됐다.　　　사진: Calstanhope

8%가 넘는 54마리는 대회 참가비용을 내야 하는 더 큰 대회인 스테이크스stakes에서 우승했다. 세크리테리어트의 자녀들이 대회에서 우승한 것은 물론이고, 손자, 손녀, 증손자, 증손녀뻘 되는 말들도 경주마로서 뛰어난 기량을 발휘했다. 세크리테리어트 가문(?)은 북미 최고의 '경주마 가문'을 이뤘다고 평가받는다 (실제로 이런 통계를 일일이 추적할 정도로 경주마의 경우 유전인자가 중요하다). 적어도 경주마에 있어서는 왕후장상의 씨가 따로 있다는 말이 진리이다.

골든스테이트 워리어스Golden State Warriors는 골든스푼스Golden Spoons?

골든스테이트 워리어스는 2017~2018시즌 미국 프로농구NBA 챔 피언이다. 이들은 압도적인 경기력으로 동세대에서 가장 뛰어난 선수로 평가받는 르브론 제임스Lebron James가 이끄는 클리블랜드 캐벌리어스Cleveland Cavaliers를 결승전에서 일방적으로 몰아붙여 이겼다. 이 팀이 성공한 데는 물론 2018년 결승전 MVP에 오른 케빈 듀란트Kevin Durant의 활약이 컸지만, 팀을 3년 연속 결승전에 올려놓은 일등공신은 스테판 커리Stephen Curry와 클레이 톰슨 Klay Thompson이라는 걸출한 슈터들이다. 이 둘은 농구 사상 최고 의 슈터 콤비라고 불린다. 물론 여기에는 최신효과recency effect가

작용할 수 있지만, 미국사람들이 'one of the best'가 아닌 'the best'라는 말을 쓸 정도니 어느 정도 신빙성이 있다고 봐야 한다.

특히 스테판 커리는 하프라인 근처에서도 득점을 하는 등, 거리와 위치를 가리지 않고 무차별 쏴대는 3점 슛으로 NBA 역사상 최고의 슈터라는 찬사를 받는 선수이다. 톰슨 역시 커리만은 못하지만 엄청난 슈터인 데다 수비능력은 커리를 훨씬 앞서, 한 팀에 이런 가드가 두 명이나 있다는 것 자체가 불공평하다는 평가를 받기까지 한다. 그런데 이 두 선수의 가계를 살펴보면 재밌는 사실을 발견하게 된다. 이 두 선수가 모두 농구에 관한 한 대단한 금수저들이라는 것이다.

먼저 스테판 커리. 농구를 좋아하는 사람이라면 누구나 아는 선수이고, 한국을 방문해서 MBC 〈무한도전〉에 출연하기도 했다. 상식적으로 하프라인 근처에서는 성공률이 떨어지는 관계로 시간에 쫓겨 쏘는 이른바 버저비터가 아니면 슛을 시도하지 않지만, 이 선수는 아무 때나 초장거리 슛을 시도한다. 아마도 이는 상대팀의 전의를 꺾기 위해서인 듯하다. 예전에는 덩크슛이 그런 용도로 사용됐는데 이제는 너무나 흔한 기술이 됐고, 이런 초장거리 슛이 오히려 그런 효과를 내고 있는 듯하다. 커리가 초장거리 슛을 성공시키면 홈 관중은 열광에 빠지고 상대 팀 선수들의 전의는 꺾이는 것이 확연히 느껴진다. 세계 어디서도 보기 힘든 슛인 것은 분명하다. 래리 버드Larry Bird나 레지 밀러Reggie Miller

스테판 커리의 3점 슛 장면.					사진: Keith Allison

등 NBA 전설로 불리는 슈터들도 이런 슛을 시도하지는 않았다.

1980년대부터 NBA를 본 필자가 보기에도 그는 역사상 최고의 슈터이다. 'NBA 역사상 가장 위대한 선수가 누구인가'라는 질문에 대해서는 마이클 조던Michael Jordan, 카림 압둘 자바Kareem Abdul Jabbar, 르브론 제임스 등을 놓고 논쟁이 일어나지만, 슈터에 대해서만은 이론의 여지가 적은 것이 아닌가 생각이 들 정도로 그는 슈팅에 관한 한 압도적으로 천재적이다.

그런데 그의 아버지인 델 커리Dell Curry도 상당히 유명한 NBA 선수였다. 16년 동안 NBA에서 뛰었고 아들과 마찬가지로 슈팅 능력이 뛰어났다. 선수 생활의 상당 부분을 선발선수가 아닌 벤치 플레이어로 보내기는 했지만, 가장 뛰어난 후보선수에게 주는 식스맨 어워드Sixth Man Award를 받을 정도로 훌륭한 선수였다. 샬럿 호네츠Charlotte Hornets 구단 역사상(상대적으로 신생 구단이기는 하지만) 최다 득점과 최다 3점 슛 기록을 보유할 정도이니, 아들 스테판이 아버지의 능력을 유전으로 물려받았다고 해도 틀린 말은 아닐 것이다.

재미있는 것은 아들인 스테판 커리가 더 뛰어난 선수이기는 하지만 키는 아버지보다 작다는 점이다. 아들에게 유전인자가 덜 전달된 것 아닌가 싶게, 아버지보다 신체적으로 불리하다. 키가 190센티미터 정도이니 미국 기준으로 보통 사람보다 조금 크다 싶은 정도이다. 키가 작으면 스피드라도 뛰어나야 할 텐데,

포인트가드로서 그렇게 빠른 편이라고 할 수도 없다.

앞서 이야기했듯, 이 팀에는 클레이 톰슨이라는 또 다른 뛰어난 슈터가 있다. 스테판 커리에 가려서 주목을 덜 받는 면이 있지만, 한 게임에서 3점 슛을 14개 성공시켜 NBA 최고기록을 세울 정도로 걸출한 슈터이다. 그런데 그의 아버지 마이클 톰슨Mychal Thompson 역시 전직 NBA 선수로, 10년이 넘게 LA 레이커스LA Lakers 등에서 센터로 활약했다. LA 레이커스의 열렬한 팬으로서 아직도 생생하게 기억하는 이 잘생기고 체격 좋은 선수는 전설적인 센터 카림 압둘 자바의 백업 센터였고, 라이벌 팀이었던 보스턴 셀틱스Boston Celtics의 스타 파워포워드 케빈 멕헤일Kevin McHale을 수비하는 일을 곧잘 해서 레이커스가 보스턴의 그늘에서 벗어나 우승하는 데 기여했다.

재미있는 것은 클레이 톰슨 역시 아버지보다 키가 작다는 것이다. 스테판 커리와 클레이 톰슨 모두 아버지보다 체력 조건은 열세이지만 농구는 더 잘한다. 그런 면에서 이들이 압도적인 유전적 요인 때문에 훌륭한 선수가 된 것인지 아니면 아버지가 농구를 한다는 '환경'의 영향을 더 받은 것인지는 단정하기 어려워 보인다. 어쨌거나 톰슨 부자는 부자가 모두 NBA에서 우승하는 가문의 위업을 달성했다. 특히 농구에서는 유전인자가 중요한 것이 아닌가 생각하게 하는 부분이다.

그런데 이런 현상은 농구뿐만이 아니다. 야구를 살펴보면, 배리 본즈Barry Bonds는 20년간 메이저리그에서 뛰면서 무려 762개의 홈런을 쳐, 역대 최다 홈런 기록을 갖고 있다. 그의 통산 타율은 2할 9푼 8리로 거의 3할에 가깝다. 흔히 홈런 타자라고 하면 대개 삼진을 많이 당하는데, 그는 선구안마저 좋아서 투수들에게 공포의 대상이었다. 박찬호 선수가 그에게 홈런을 맞은 장면을 한국 야구팬들도 기억할 것이다. 샌프란시스코 자이언츠San Francisco Giants에서 활약할 당시 그가 장외 홈런을 치면 야구장 밖에 있는 바다, 맥코비 코브에서 카누를 타고 기다리던 사람들이 그 공을 주우려고 엄청나게 몰려들어 경쟁을 벌이고는 했다. 그가 친 홈런 볼이 모두 기록적 기념품으로 남기 때문이었다.

물론 그의 홈런 기록은 스테로이드 복용 사실이 드러나 오염되기는 했지만, 그의 야구선수로서의 능력은 스테로이드 복용 이전에도 이미 명예의 전당에 헌액되고도 남을 정도의 수준이었다는 데 거의 모든 야구 전문가들이 이견을 달지 않는다. 이 때문에 많은 야구 기자들은 심지어 스테로이드 전력에도 불구하고 본즈만은 명예의 전당에 헌액되어야 한다며 격한 논쟁을 벌이기도 한다.

이런 배리 본즈의 아버지 바비 본즈Bobby Bonds 역시 메이저리거였다. 피츠버그 파이어리츠Pittsburgh Pirates에서 외야수로 활동한 그는 아들과 마찬가지로 파워와 스피드를 모두 갖춘 외야수였으며, 300개 이상의 홈런을 쳤고 3번이나 올스타에 뽑혔다. 명예의 전당에 자동적으로, 별다른 논쟁 없이(누가 '명예의 전당'에 헌액되느냐는 미국 프로야구계가 가장 격렬하게 논쟁을 벌이는 연례행사이다) 헌액되려면 보통 3천 개 이상의 안타 또는 500개 이상의 홈런을 쳐야 하는데, 거기에는 미치지 못했지만 명예의 전당 바로 직전 수준에 도달한 매우 뛰어난 선수였다.

추신수 선수와 같은 팀에서 뛰어서 한국에도 잘 알려진 프린스 필더Prince Fielder의 아버지는 세실 필더Cecil Fielder라는 강타자였고, 류현진 선수가 뛰는 LA 다저스LA Dodgers의 강타자로 선풍적인 인기를 끌고 있는 코디 벨린저Cody Bellinger의 아버지도 잠시지만 메이저리그에서 뛰었다고 한다. 축구선수 손흥민의 아버지도 선수생활을 했다고 한다.

스포츠에서 재능은 대를 이어 전수될 확률이 비교적 높다 해도 과언이 아니다. 그도 그럴 것이, 스포츠에서는 신체적 특성이 아무래도 중요한데, 우리가 주변에서 보듯, 키 큰 아버지나 어머니에게서 키 큰 자식이 나오는 경우가 압도적으로 많다. 신체적 특성이 상대적으로 유전 확률이 높다는 것이다.

하지만 이 같은 재능의 유전 현상에서 우리가 주목해야 할 부분이 있다. 앞서 열거한 사례들에는 공통점이 있는데, 바로 아버지들은 재능 있는 선수들이었지만 아들들과 같은 최고의 반열에는 오르지 못했다는 점이다. 커리와 톰슨의 아버지들은 모두 후보선수들이었고, 본즈의 아버지는 명예의 전당에 헌액될 정도에는 미치지 못했다. 건강 문제로 은퇴했지만 프린스 필더는 대체적으로 아버지 세실보다 뛰어난 선수로 평가받는다. 아버지들은 '훌륭한' 선수들이었고, 그들의 아들이 '위대한' 선수들이 됐다는 것이 매우 흥미롭다.

반대의 경우도 있다. 차두리는 훌륭한 축구선수였다. 그의 활약이 없었다면 2002년 월드컵 4강은 힘들었을지도 모른다. 한 번 발을 내딛으면 다른 선수들이 두 번 움직여야 겨우 따라잡을 수 있는 우월한 체격조건을 가졌다. 아마도 체격조건으로만 따지면 역대 국가대표 중 최고급에 속할 것이다. 하지만 그의 아버지, 차범근은 자타가 공인하는 한국 축구 사상 최고의 선수이다. 요즘은 손흥민이 활약해서 그가 역사상 가장 뛰어난 선수가 아닌가 하는 얘기가 있지만 그것은 최신효과일 수 있다.

차범근은 대학교를 졸업하고 병역까지 마친 뒤 만 25세가 돼서야 유럽에 진출할 수 있었다. 손흥민이 26세에 유럽 리그 통산 100번째 골을 넣은 반면, 차범근은 그 나이가 돼서야 외국 무대에 진출해 활약을 시작했으면서도 독일에서 전설적인 선수가 됐다. 지금은 스페인과 영국이 세계 최고 무대를 양분하고 있지만 차범근이 뛴 당시에는 분데스리가가 세계 최고 무대였다. 그가 손흥민처럼 어린 나이에 외국 무대에 진출했다면 깨기 힘든 기록을 세우고 세계 축구 역사에 길이 남을 선수가 됐을지도 모른다.

우연인지 과학적 이유가 있는지는 모르지만 천재적 아버지에게서 천재적 아들이 나오기보다는 그보다 좀 못한 재능의 아버지에게서 천재적 아들이 나오는 경우, 혹은 천재적 재능을 가진 아버지에게서 그보다 못한 재능을 가진 아들이 나오는 경우가 많다. 천재적 아버지에게서 천재적 아들이 나오는 경우는 극히 찾아보기 힘들다. 그건 유전학적으로 심오한 메커니즘 탓일 수도 있고 확률의 문제일 수도 있을 것이다. 어쨌거나 번개가 한곳에 두 번 치지는 않는다.

이와 같이 신체적 조건이 중요한 스포츠에서조차 아버지의 1급 재능이 고스란히 유전되는 경우는 찾아보기 힘들다. '어느 정도' 수준급 재능을 가진 아버지에게서 천재적 아들이 나오는 스포츠 세계를 보면(물론 천재적 재능을 보이는 선수들 가운데는 아버지가 전혀 스포츠에 재능이 없는 경우가 더 많지만), 경제계에서도 중소기업들이 공정하게 경쟁할 수 있는 환경을 조성해 주기만 한다면 중소기업을 세운 기업인들의 2세 가운데 뛰어난 사람들이 사업을 더 키워 대기업 반열에 올리는 일이 더 많아지지 않을까.

계층 간 이동이 없는 사회는 퇴보할 수밖에 없다. 영국의 프리미어리그가 재미있고 한편으로 경쟁력 있는 것은 프리미어리그에서 못하는 팀은 2부 리그로 강등되고, 2부 리그에서 잘하는 팀은 프리미어리그로 올라갈 수 있기 때문이다. 우리는 스포츠에서 배울 것이 많다.

한국 대기업의 세습체제 자체가 매우 반시장적이고 반자본주의적이라는 얘기를 하면서 재능이 일부나마 유전된다는 얘기를 길게 늘어놓은 것은 재능의 유전 가능성을 완전히 부인하지는 않는다는 말을 하기 위해서다. 문제는 이렇게 재능이 유전되는 경우를 보면, 창의력 같은 두뇌적 재능보다는 신체적 재능이 유전되는 경우가 많다는 데 있다. 농구, 야구 같은 스포츠에서 부자父子 선수가 나오는 것이 그래서이다. 하지만 그러한 스포츠에서조차 아버지와 자녀가 모두 1급 재능을 보이는 것은 매우 드문 일이다. 체력보다는 유전 확률이 높지 않은 지능 혹은 창의력과 관련해, 대기업을 창업한 아버지의 1급 재능이 아들에게 유전될 가능성은 극도로 낮을 수밖에 없다. 다시 말하지만, 한곳에 벼락이 두 번 치지는 않는다.

돈 버는 천재들은?

그러면 보다 중요한, 성공한 부자父子 사업가들의 경우를 보자. 역시 부자가 모두 1급의 재능과 결과를 나타낸 경우는 매우 드문 것으로 보인다. 미국 역사상 가장 위대한 은행가인 J. P. 모건은 미국 정부가 대공황을 극복하는 데 도움을 줄 정도로 막대한 재산을 축적한 것으로 유명하다. 토마스 에디슨에게 투자해서 전기산업을 일으키고 세계 철강산업을 좌지우지한 그는 미국 역사상 가장 지대한 경제적, 사회적 영향력을 행사한 사업가라 해도 과언이 아닐 것이다. 최근에 성공한 사업가로 증권에 투자해 수익을 내면서 엄청난 돈을 번 워런 버핏을 들 수 있지만, 모건은 실물 사업에 투자해서 물건을 만들어 내고 경제에 직접적 영향을 줬다는 점에서 훨씬 커다란 영향력을 지녔다고 할 수 있다.

그의 아버지 역시 매우 부유한 은행가였지만 아들의 명성에는 턱없이 못 미친다. 이 점은 앞서 열거한 스포츠 선수들의 경우와 비슷하다는 점이 재미있다. 현 미국 대통령 도널드 트럼프Donald Trump 역시 유명한 부동산 개발업자였던 아버지의 가업을 이어받아 더 성장시킨 케이스이다. 이 역시 2급의 재능에서 1급의 재능이 배출된 경우라 할 수 있다.

그런데 흥미로운 것은 도널드 트럼프의 아버지 프레드가 부동산 사업에 진출하게 된 계기이다. 그는 어머니, 그러니까 도널드 트럼프의 할머니의 도움을 받아서 사업을 시작하게 됐다고 한다. 트럼프 집안의 가업인 부동산 개발은 모계에서 출발했다는 것이다. 어머니의 재능이 중요하다는 부분은 뒤에서 다시 한 번 살펴본다.

이런 재능마저
유전이 안 된다면 …

그렇다면 다른 분야의 대표적인 천재들을 살펴보자. 음악 하면 아무래도 베토벤Ludwig van Beethoven을 떠올릴 수 있겠으나, 그는 독신으로 살았고 자식도 없었다. 우리가 얘기하는 '천재'는 재능과 업적, 두 가지 요소로 평가할 수 있다. 재능으로만 따진다면 모차르트Wolfgang Amadeus Mozart가 베토벤을 능가했다고 평가하는 사람들이 많다. 그런 면에서 많은 사람들이 모차르트를 최고의 음악 천재로 꼽는다. 모차르트는 무명의 작곡가를 아버지로 두고 태어났다. 이 역시 앞서 얘기한 커리나 톰슨 등 농구선수들의 경우와 비슷하다. 2급의 재능을 가진 부모에게서 1급의 재능을 가진 자녀가 태어난 경우이다.

그러나 우리나라의 대기업 세습 현실을 볼 때 더 관심이 가는 부분은, 그렇다면 이런 특출한 재능을 가진 사람이 낳은 자식들은 어떤가 하는 것이다. 모차르트는 여러 명의 자녀를 뒀지만 대부분 일찍 죽고 2명만이 성인으로 자랐다고 한다. 그중 장남은 재능 있는 피아니스트였지만 음악을 생업으로 삼을 만큼의 재능은 아니었던 듯하다. 결국 사업으로 눈을 돌리기도 하다가 공무원이 됐다. 더 어린 아들의 경우 아버지의 재능을 그래도 더 많이 물려받은 듯하다. 피아노와 바이올린을 모두 연주한 것은 물론이고 아버지처럼 어린 나이에 작곡까지 했다고 하니 말이다. 그는 음악으로 생업을 이어 갔지만, 교사 일을 많이 했고 평생 아버지와 비교되는 것을 두려워하며 아버지의 그늘에서 살았다고 한다.

모차르트의 경우는 이 책이 말하고자 하는 점과 관련해 시사하는 바가 상당히 크다. 인류 역사상 수많은 작곡가들이 있었지만, 재능이라는 면에서 모차르트를 능가한 사람이 있을까? 이런 전무후무한 재능도 유전이 되지 않는다면, 유전에 기대서 공적 지위를 물려주는 것은 그야말로 무모한 짓이 되는 것이다.

그렇다면 다른 분야의 천재는 어떤가. 천재 얘기를 하면서 알버트 아인슈타인Albert Einstein을 뺄 수는 없을 것이다. 음악에서 모차르트의 재능이 압도적이었다면 과학에서 아인슈타인의 재능도 뉴턴과 더불어 그에 필적할 것이다. 그의 가계를 살펴보자. '호모 사피엔스 최고의 걸작'이라는 아인슈타인은 엔지니어였던 아버지 아래서 태어났다. 이 역시 평범하거나 상당한 이과적 재능을 가진 부모에게서 특출한 자녀가 태어난 경우로 보인다.

그렇다면 아인슈타인의 자녀들은 어땠을까? 그의 아들 한스 알버트 아인슈타인은 역시 아버지의 재능을 이어받고 태어났다. 하지만, 너무나 당연한 얘기지만, 아버지의 수준에는 다다르지 못했다. 자신의 전공 분야인 공학에서 뛰어난 업적을 남겼고 캘리포니아주립대에서 교수로 오랜 기간 재직했지만, 그 정도의 학자가 부지기수임은 말할 나위가 없다. 아인슈타인의 둘째 아들은 정신질환 때문에 정상적인 성인으로서 생활하지도 못했다. 흥미로운 것은 이들을 낳은 아인슈타인의 첫 번째 부인 밀레바 역시 천재적인 물리학자였다는 점이다. 수학은 아인슈타인보다 잘했다는 말이 있을 정도이다. 모차르트와는 달리 아인슈타인은 아내마저도 천재에 속하는 사람이었다는 점에서, 두 천재 사이에서 태어난 아들들이라면 천재가 될 가능성이 역사상 그 어떤 이보다도 높아야겠건만, 그렇지 않았다는 것이다! 지능 혹은 창의력의 천재성이 유전되고 발현되는 것이 얼마나 어려운지 보여주는 가장 확고한 증거라 할 것이다.

번개가 두 번 친 경우

그렇다면 부모의 1급 재능이 자식에게 고스란히 발현된 경우는 없는가? 결론적으로 매우 드물다. 일어나는 빈도가 매우 낮다. 하지만 유명한 사례가 한 가지, 그것도 우리나라에 있다. 이 모자는 너무나도 유명한 나머지 2명이 모두 화폐에 실렸다. 신사임당과 율곡 이이 모자가 그들이다. 신사임당은 허난설헌과 함께 조선 역사에서 가장 뛰어난 재능을 가졌던 여자로 유명하다. 교양과 학문이 높았던 것은 물론이고, 글을 잘 쓰고 그림까지 최고의 경지에 이르렀다고 하니 학문을 하는 지능과 예술을 하는 감수성까지 완벽하게 갖춘 특출한 뇌를 가졌던 것으로 보인다. 여자들의 재능을 발휘하는 것이 거의 불가능했던 당시 상황에서도 신사임당이 유명해졌다는 것은 그녀의 재능이 얼마나 천재적이었던가를 보여 주는 증거라 할 것이다.

그의 아들 율곡 이이 역시 어머니의 재능을 그대로 물려받은 천재였다. 이황과 더불어 성리학의 대가였으며 과거 시험에서 무려 9번이나 장원으로 합격했다고 하니, 머리가 얼마나 좋았던 것인지 지금 기준으로는 비교할 만한 사람이 떠오르지 않을 정도의 천재였다. 머리만 좋은 것이 아니라 판단력도 뛰어나서 외적의 침략에 대비해서 군사력을 키워야 한다고 주장했다고 하니, 그야말로 나라를 구할 만한 재능이었던 셈이다.

이러한 실명만으로는 그가 얼마나 똑똑한 사람이었는지 감이 잘 오지 않을 수 있다. 이런 일화가 있다. 선조 임금이 율곡에게 어떤 신하를 기용해야 하는가 물었다고 한다. 그러자 그는 "임금에게 충성하겠다고 하는 사람은 되도록 피하고, 자기 일에 충성을 다짐하는 사람을 가까이 하십시오. 임금에게 충성을 다짐하는 사람은 임금을 배신할 가능성이 오히려 높지만, 자기 일에 충성을 다짐하는 사람은 임금을 결코 배신하지 않습니다"라고 답했다는 것이다. 조선시대 분위기를 정확히 알 수는 없지만, 충忠이 지상의 가치였던 때에 임금에게 충성을 다짐하는 자는 기용하지

말라고 한 것이다. 21세기 기업 총수들도 새겨들을 만한 이야기가 아닌가.

이렇게 조선시대를 통틀어 가장 머리가 좋을 뿐 아니라 탁월한 지혜와 비전을 가진 남자와 여자가 모자였다는 것은 우연의 일치가 아닐지도 모른다. 하지만 이 책의 주제인 대기업 총수의 자질의 유전이라는 관점에서 보면, 이 케이스는 기업의 세습은 미친 짓이라는 주장을 오히려 뒷받침하는 경우가 아닌가 싶다. 일단 이런 일은 자주 일어나지 않는다. 또한 어머니에게서 아들에게 유전됐다는 것은 쉽게 얘기해서 종자보다는 역시 토양이 중요하다는 것인데, 문제는 우리의 대기업들이 모두 부계로 세습되기 때문에 이런 형태의 재능의 유전은 유의성relevance이 없다는 것이다.

경영자의 천재성은
유전되지 않는다

결론적으로 말하자면, 인간은 말과 다르다. 상대적으로 지능보다 온전하게 유전되는 체력조차도 천재적인 부모의 재능이 자식에게 그대로 나타나는 경우는 극히 드물다. 하물며 지능적 재능은 말할 나위가 없다. 백번 양보해 그 재능이 유전된다 해도, 일부만이 유전되며 확률도 매우 낮다. 오히려 특정 분야에서 어느 정도의 재능을 가진 부모에게서 태어나서 그 분야와 관련된 환경에서 자란 사람 가운데 천재적 재능과 업적을 드러내는 경우가 많아 보인다. 천재적 재능을 가진 부모에게서 천재적 재능을 가진 자녀가 나올 확률은 매우 낮다는 것이다. 세크리테리어트와 아인슈타인은 자신의 분야에서 압도적이었다는 공통점이 있지만, 그 재능이 물타기 없이 후손들에게 얼마나 전달되었는가라는 측면에서는 현격한 차이가 난다.

따라서 어떤 사람이 한 조직의 장으로서 적합한지를 확인하는 가장 좋은 방법은 그 조직이나 동종 업계에서 낸 업적을 보는 것이다. 더구나 그 조직이 공적인 성격을 조금이라도 띤다면 이 상식은 윤리적 기준인 동시에 조직의 번영과 효율성을 위한 필수조건이 된다. 세습과 같은 방식으로 우두머리를 뽑는 것은 비윤리적일 뿐 아니라 반시장적이며 반사회적이다. 반시장적인 것이 당연시되고 교정되지 않는 사회는 낙오될 수밖에 없다.

그것이 바람직한 것이건 아니건 상관없이, 대기업이 차지하는 비중은 한국 경제에서 절대적이다. 그러나 불행히도 **지금 한국 경제를 이끄는 총수들은 경제발전기의 지도자들과 외모는 닮았을지 모르나 능력도 닮았다고 하기는 매우 어렵다.** LG그룹이 최근 40세의 구광모 상무 체제로 전환하면서 한국의 대기업은 이제 무려 4세 시대로 넘어왔지만, 그 수많은 재벌 2, 3, 4세 가운데 뛰어난 기업가가 나왔다는 얘기는 거의 들리지 않는다. 이들은 대부분 자신들의 성장 배경과 전문 분야(?)에 맞게 소비재나 음·식료, 호텔산업 같은 곳에 투자하고 중소기업이나 자영업자들의 영역을 가져오는 방법으로 돈을 번다.

문제는 이들이 관심을 두는 사업 분야들이 한국 경제를 거대한 제로섬 게임으로 만들고 있다는 것이다. 대기업이 맥줏집을 하는 것이 사회와 경제에 어떤 도움을 주는지 모르겠다. 이들이 만든 맥줏집에서 보다 맛있는 맥주를 마신다면 국민들의 미각적 복지는 향상될지 모르겠으나, 맛있는 술을 마신다고 해서 국가 경제가 발전하지 않는다는 점은 분명해 보인다. 오히려 건강보험 재정을 악화시켜서 경제에 악영향을 미칠 것이다. 국민연금 재정에는 도움을 준다는 냉소적인 얘기도 있지만….

그렇게 장사가 잘되는 맥줏집이 종업원들에게 많은 월급을 주고 이들이 소비를 늘리는 식으로 경제가 발전한다면 모르겠으나, 현실은 그렇지 않다. 대기업이 운영하는 맥줏집에서 일하는 젊은이들은 대부분 비정규직이다. 그렇다고 여기서 만든 맥주가 기네스Guinness 맥주처럼 세계적으로 인정받아서 수출되는 것도 아니다. 이들이 하는 사업은 결국 자기보다 약한 경쟁자들의 팔을 비틀고 안방대장이 되는 결과만 낳고 있다. 결국 대기업 창업주의 후손이 맥줏집을 운영하는 현상은 주변 자영업자들의 수입이 줄고 비정규직은 늘어나는 결과로 이어진다. 맥줏집만이 아니다. 명품을 독점 수입해서 돈을 벌고, 재벌가 자손들끼리 정보를 교환해서 주식에서 돈을 벌고, 내수산업에서 한몫 챙기는 식의 일들이 사회에서 플러스 섬plus sum의 결과로 나타나지 않는다는 것이다.

그들의 할아버지들은 뭔가를 만들어 내고 그것을 수출해서 국가의 부를 창출했다. 그 결과로 보다 많은, 양질의 일자리를 국민들에게 제공했다. 심지어는 '귀족노조'가 나오는 데 가장 큰 공헌을 한 사람들도 그들이다. 그들은 적어도 자기보다 규모가 작은 기업이나 자영업자들이 할 수 있는 일을 가져와서 하지는 않았다(가져왔다 해도 그 기업을 통해 좋은 일자리를 만들어 냈다).

반反역동적인 한국

바로 여기에 미국과 우리나라의 차이가 있는 것이다. 앞서 열거한 미국의 위대한 기업가이자 혁신가들, 카네기, J. P. 모건, 에디슨, 잡스 등은 그야말로 천재들이었지만, 그들의 아들이나 딸이 그 자리를 이어받아서 주도권을 잡고 현재의 미국 경제를 이끌지는 않는다. 물론 그들의 부가 가문에 남아 대대로 잘사는 것은 한국과 마찬가지이다. 하지만 혁신을 하고 새로운 가치를 창조하는 자리는 그들의 자손이 아니라 사업가적 소질을 타고난 외부 사람들이 차지하고 있다. 예전에는 우리나라를 다이나믹 코리아라고 했다. 역동성이야말로 우리나라 경제가 성장한 원동력이었다. 이를 위해서는 기업을 일으키고 돈을 버는 사람들 사이에 사회적 이동 가능성이 보장돼야 하는데 더 이상 그게 안 되고 있다. 세습 때문이다.

우리나라의 사회적 이동 가능성이 상대적으로 얼마나 부족한가는 미국과 비교해 보면 알 수 있다. 2017년 말 공정거래위원회가 자산 기준으로 구분한 바에 따르면, 우리나라의 10대 그룹은 삼성, 현대자동차, SK, LG, 롯데, 포스코, GS, 한화, 현대중공업, 농협이다. 농협과 포스코는 공기업에서 출발한 회사이니 논외로 치자. 나머지 8개 그룹의 공통점이 하나 있다. 예외 없이 최소한 2대 혹은 3대째 운영하는 회사라는 것이다. 창업자 1세가 운영하는 회사는 아예 없다. 대기업 구조에서 치고 나오는 기업이 없다는 것은 그만큼 경제가 정체됐다는 얘기이다.

반면 미국을 보면 애플이나 버크셔 해서웨이가 〈포춘Fortune〉 선정 10대 기업에 올랐고, 1위를 차지한 월마트조차도 1962년에 설립됐을 정도로 비교적 젊은 회사이다. 그 나물에 그 밥인데 경제가 발전할 리 없는 것 아닌가. 우리나라의 10대 그룹이 망해야 한다는 얘기가 아니다. 미국처럼 10대 그룹에 새로 치고 들어오는 회사가 있어야 경제가 산다는 것이다.

끊임없이 적자適者가 출현하고 지배자의 위치에 오르는 사회.

적자생존을 보장하고 장려하는 사회. 그래서 미국 경제는 아직도 세계 1위이고 앞으로도 그 자리를 지킬 가능성이 높다. 하지만 우리나라는 그렇지 않다. 우리나라 경제에서 대기업이 차지하는 비중은 두말할 필요가 없다. 경제의 거의 모든 분야를 그들이 담당한다고 해도 과언은 아니다. 새로 창업된 기업들이 비집고 들어갈 틈이 없다면 기존 대기업을 누가 운영하는가는 엄청나게 중요한 문제가 된다. 하지만 그 자리에 우리나라에서 가장 재능 있는 사람들이 더 이상 오르지 못한다. 그것이 우리나라가 발전을 멈춘 가장 큰 원인 가운데 하나이다.

재벌의 경영자 선정 시스템이 부를 창출하기는커녕 부의 분배만 왜곡시킨다면 정말 큰일이다. 그렇다면 우리나라 기업들은 왜 이토록 지독한, 시장경제를 표방하는 나라 가운데 전 세계적으로 유례를 찾아볼 수 없을 성노의 세습경영을 하게 됐는가?

제 3 장

우리는 왜 세습에 열중하는가

역사적·사회적 배경

적자嫡子생존의 나라

도대체 우리나라 기업들은 왜 이렇게 전 세계적으로 유례를 찾아볼 수 없을 성도의 세습경영을 하게 됐는가? 한국의 대기업 세습 체제가 4차 산업혁명이 거론되는 오늘날에도 시대착오적으로 살아남은 것은 세습이라는 것이 한국인의 의식과 한국 사회의 관행에 뿌리 깊이 박혀 있기 때문이다. 세습이 기업의 문제만은 아니라는 것이다. 이 장에서는 왜 이렇게까지 대기업이 세습되는가를 사회적 관점, 전체적 관점에서 살펴보고자 한다.

자식에게 재산을 물려주려는 것은 인간의 본능일 것이다. 하지만 한국인은 그 본능이 유별나다. 성인이 되면 자식도 자기가 알아서 살아야 한다는 '쿨'한 서양의 인식과는 달라 보인다. 교회에서 목사들은 이런 인식으로 인해 일어나는 고부갈등 등 가정문제를 해결하기 위해 서양의 자식에 대한 인식이야말로 《성경》적인 것이라고 강조하기도 한다.

서양의 인식체계에 큰 영향을 미친 유대교와 기독교 《성경》에는 "이러므로 남자가 부모를 떠나 그의 아내와 합하여 둘이 한 몸을 이룰지로다"라는 〈창세기〉 구절이 있다. 그들에게 자식은 성인이 되면 부모를 떠나는 것이고, 부모 역시 그것을 당연하게 받아들여야 한다. 아니, 나아가서 부모가 이를 요구해야 한다는 생각이 뿌리 깊게 전해져 내려오는 듯하다. 2대는 물론이고 3, 4대까지 모여 살던 우리와는 극단적으로 다른 인식이다.

서양의 자식에 대한 생각을 적자생존의 동물 세계와 비교해 보면 매우 흥미롭다. 동물의 세계에서는 새끼가 어느 정도 크면 어미는 아예 먹이를 가져다주지 않는다. 다 큰 새끼가 젖을 물려고 하면 어미는 냉정하게 등을 돌린다. 서양의 자식에 대한 생각과 비슷하다는 것을 알 수 있다. 그런 점에서 어쩌면 서양의 자식에 대한 개념은 한국에 비해 서바이벌적이고, 자연과 더 닮아 있다.

반면 한국은 그렇지 않다. 부모를 모시고 같은 집에서 사는 것은 당연한 것이었고, 자식과 부모의 유대 또한 더 강한 듯하다. 좋게 보면 가족 간의 사랑이 깊은 것이다. 하지만 나쁘게 보면 이는 배타적인 가족애인지도 모른다. '배타적'이란 말은 가족에 대한 사랑이 공공의 이익을 해치는 경우가 있다는 것을 의미한다. 한국에서는 가족에 대한 사랑이 사회 공동의 이익에 반하는 일로 이어지는 경우가 다른 나라에 비해 많아 보인다. 그것은 꼭 세습에만 국한되는 것이 아니다.

2019년 2월, 문화체육관광부는 2018 평창동계올림픽에서 은메달을 따면서 국민의 사랑을 받은 컬링 여자대표팀 '팀 킴'과 관련된 조사결과를 발표한다. 김경두 전 대한컬링경기연맹 회장 직무대행과 그의 딸인 김민정 경북체육회 여자 컬링팀 감독, 사위인 장반석 전 경북체육회 믹스더블 컬링팀 감독 등이 보조금을 부적정하게 집행하고 팀 킴에게 돌아갈 돈도 지급하지 않았다는 내용이었다. 조카는 국가대표팀 전력분석관으로 채용했고, 딸은 선수로 활동하지 않은 지가 상당히 됐음에도 우수선수로 영입해 특혜를 줬다고 한다. 당시 경기 중계에서 외국인 지도자의 모습을 보면서, 그 사람이 큰 역할을 한 것 같은데 왜 다른 사람이 나와서 인터뷰를 하는 것일까 의문을 가졌었다(인터뷰를 한 '다른 사람'은 김경두 전 직무대행의 딸인 김민정 감독이었다). 조사결과를 보면 컬링이라는 스포츠를 일가의 사업처럼 운영했다는 의혹을 가질 수밖에 없다.

이런 일들이 벌어진 것은 우리나라가 전통적으로 농경사회였기 때문일 수 있다. 땅이라는 가문의 가장 중요한 자산이 줄어들지 않으려면 아들, 그것도 장자에게 모두 물려줘야 했을 것이다.

특출하게 혁신적인 농사기술을 만들어 낼 수 없는 시대적 상황에서, 자식에게 물려준 것 때문에 후대에서 가업인 농사의 생산량을 후퇴시키는 일도 없었을 것이다. 오히려 장자에게 물려주는 것을 규칙으로 확립함으로써 가족 간의 분쟁을 방지할 수도 있었을 것이다.

주요 산업이 목축이나 수산업, 혹은 상업만 됐어도 이토록 자식에게 뭔가를 물려줘야 한다는 강박관념이 뿌리 깊게 내리지는 않았을 것이다. 어업이나 목축업의 경우, 바다나 목초지가 자신의 소유가 아니기 때문에 상속이라는 것 자체에 신경 쓸 필요가 없다. 반면에 자신이 소유한 땅, 즉 생산수단이 있어야만 경작이 가능한 농업의 특성으로 인해 자식들에게 땅을 물려주는 것에 집착할 수밖에 없었을 것이다. 여기에 혈연을 중시하는 관습까지 상승작용을 일으키면서 자식에게 자신의 것을 물려줘야 한다는 인식은 한국 사람들에게 제 2의 천성이 됐을 것이다. 세습이건 상속이건 그 집념에 관한 한 한국이 세계 최고 수준이라 해도 과언은 아닐 것이다.

불행하게도 농경사회에서 생겨난 이 같은 의식은 21세기 고도화된 경제체제에서도 사회를 지배하고 있다. 경제활동 행태가 변화하면 생산수단의 상속에 대한 인식도 바뀌어야 하는데, 인식은 사회의 변화 속도에 맞춰서 바뀌지는 않는다. 자식에게 자신의 것을 물려줘야 한다는 애정 혹은 강박관념에는 이런 전통

말고 다른 데도 이유가 있을지 모른다.

우리 사회에서 돈 많은 사람들이 누리는 특권적 지위는 비정
상적이다. 흔히 "돈이 있으면 한국이 세계에서 제일 살기 좋다"
고들 한다. 지금이야 덜해졌다고 하지만, 그들은 군대를 가지
않아도 됐고, 법을 어겨도 빠져나갈 수 있다. 지금이야 그렇지
않겠지만 재벌 2, 3세 가운데 군복무를 제대로 하지 않은 사람이
유독 많다. 공화국 시민이 아니라 왕국의 왕족 같은 비정상적 지
위를 누리다 보면 그것을 자식에게 물려주려는 욕구, 부모로부
터 물려받으려는 욕구는 더 커질 것이다. 아니, 보통 사람으로
살아야 한다면 공포에 가까운 감정을 느끼게 될 것이다. 누리는
것이 많으니 가족 안에 그 권력을 머물게 하고 싶은 욕망도 커진
다. 심지어 그것이 위법적이고 반시장적일지라도 말이다.

세습과 한반도 불안의
상관관계

우리 민족의 상속에 대한 남다른 집념의 가장 극명한 예는 바로
휴전선 북쪽에 있다. 사회적 불평등과 지배계급(왕정)에 대한 반
발로 생겨난 사회주의조차도 한민족이 도입하면 세습왕조와 사
회주의의 기형적인 하이브리드, 변태적인 정치경제체제로 바뀐

다. 백두혈통이니 뭐니 하면서 사회주의체제의 리더를 사이비종교 교주화하고 3대에 걸쳐 충성하는, 세계 역사상 유례조차 찾아보기 힘들고 같은 민족으로서 다른 나라 사람들에게 부끄럽기까지 한 '사회주의 국가'를 만들어 내고 만다.

거기서 일어나는 일은 조선시대의 유혈이 낭자한 궁정 드라마와 크게 다르지 않다. 지도자의 형이 암살당하고, 충성이 의심스러운 부하들은 공개적으로 처형당한다. 그런데 이런 세습은 북한을 교주를 숭배하는 종교적 사회주의 국가로서 갈라파고스처럼 고립시키는 데서 그치지 않고 북한과 남한, 세계 간의 관계에도 영향을 준다. 어찌 보면 우리가 안고 있는 남북 문제의 근원에 북한 정권의 세습이 자리 잡고 있다는 것이다.

세습에 관대한 우리 민족의 심성과 북한 인민들의 고립된 정신세계를 고려한다 해도 북한 정권의 세습은 태생적으로 명분이 약하다. 정당성에 대한 의문과 저항을 불러일으킬 소지가 크다. 인간에게는 합리적으로 생각할 수 있는 천부적 능력이 있는데, 세습은 인민들의 잠재의식과 사고 속에서 부당한 일로 받아들여질 가능성이 높다. 항일 운동을 한 김일성이야 그렇다 치더라도 그의 아들과 손자까지 지도자가 되는 것을 인민들이 수용하도록 하기 위해서는 끊임없는 세뇌와 더불어 폭압적 내정이 필요하다. 또한 경제적 궁핍에 대한 분노와 좌절이 북한의 세습체제로 돌아가지 않도록 하기 위해서는 내부의 분노를 분출시킬 다른 대상이 필요하다.

그래서 외부의 적이 필요하다. 이런 행태는 독재국가 어디서나 일어나는 일이다. 미국은 이런 면에서 공공의 적으로 안성맞춤이다. 이미 한국전쟁을 통해 인민들이 싸운 바 있는 대상이다. 한국전쟁 당시 미국이 쏟아부은 폭격의 트라우마는 쉽게 잊히지 않았을 것이다. 미국이 항상 북한을 공격하려 한다는 위기의식을 조장해야 하고, 핵을 개발하고 주민들을 전시체제로 몰아넣는 일들이 필요하다. 세습왕조를 외부세력이 흔들지 못하게 하기 위해서는 핵이 필요하다는 생각도 하게 된다. 그리고 이런 일들은 남북 관계는 물론 북미 관계의 악화와 전쟁 불안, 남한 경제에 대한 외국 투자자들의 불신으로 이어진다.

북한이 중국처럼 개방과 함께 사회주의체제를 유지할 수 없는 이유도 세습과 무관해 보이지 않는다. 개방적인 정책은 세습에 위험할 수밖에 없다. 다른 나라와 교류하는 개방적 체제하에서 인민들이 정치 지도자의 세습이라는 원시적 제도를 용납하기는 쉽지 않을 것이다. 실제로 그런 나라가 없다. 따라서 북한의 세습 지도자들은 자신들의 지위를 유지하기 위해서라도 폐쇄적이고 호전적인 정책을 이어갈 수밖에 없다. 북한이 걸핏하면 미국이 자신들을 공격할 수 있다면서 핵을 개발하는 것은 실제로 공격을 당할 것을 두려워해서라기보다는 그렇게 주장하면서 고립으로 가는 것이 세습 정권을 유지하는 데 유리하다고 판단하기 때문일 수 있다. 혹은 핵을 가져야 세습이 가능하다고 생각할 수도 있다.

북한도 중국처럼 지도자가 기존 지도자의 가족 외부에서 나오는 환경이 돼 있었다면, 인민들을 먹여 살리는 게 더 중요하다는 실용적 사고를 가진 덩샤오핑鄧小平 같은 지도자가 나왔을지 모른다. 자신은 물론이고 자식까지 지도자 지위를 유지하는 데 광적으로 매달리지 않는 체제가 북한에 들어섰다면, 즉 김일성이 죽은 뒤에 공산당 내에서 다른 전문관료 출신 지도자가 나왔다면, 보다 유연하고 평화로운 한반도 상황이 가능했을 것이다.

그런다고 북한이 민주국가가 되지는 않았겠지만, 적어도 중국처럼 발전했을 수는 있다. 하지만 왕조국가를 유지하기 위해서는 개방이 부담스럽다. 개방은 최소한의 정치적 선진화를 필요로 한다. 결국 한반도 불안의 중심에 정권 세습이 자리 잡고 있다 해도 과언은 아니라는 결론에 이른다. 세습으로 인한 폐해가 한민족 전체에, 현재 남한에 사는 우리의 현실에도 영향을 미치고 있는 것이다. 우리가 분단으로 겪은, 그리고 겪고 있는 수많은 문제와 비용을 생각해 보라! 세습이야말로 우리 민족이 안고 있는 가장 큰 문제의 근원이라고 하면 심하다고 할 것인가?

지금 김정은이 미국과 대화를 시도하는 이유는(그의 의도에 진정성이 있다고 한다면) 그가 워낙 어리다는 데서 찾아볼 수 있을 것이다. 아직도 통치해야 할 기간이 워낙 길고, 초등생 정도로 추측되는 자식에게 자신의 지위를 물려주기는 현실적으로 힘들

것이라는 계산을 했을지도 모른다. 개방을 통해 경제를 발전시키면 지도자로서의 위치가 공고해지고 자식과 가문의 미래도 보장할 수 있다고 판단했으리라는 것이다. 어쨌거나 그가 개방을 추진하는 것은 세습과 관련해 아버지나 할아버지와는 다른 상황에 처했기 때문이 아닐까? 북한의 개방이 어디까지 이뤄질지는 두고 봐야 할 것이지만, 자식에게 세습을 하는 부분에 대해 그가 어떤 판단을 했을지는 이런 점에서 관심이 가는 부분이다.

핏줄이 너무나도 끈적한 사회

남쪽도 사정은 비슷하다. 그리고 그 폐해는 대기업의 경영권 세습에만 국한되지는 않는다. 권력이 있는 곳이면 분야를 가리지 않고 이런 현상들이 나타난다.

개신교는 태생 자체가 성직자들의 비대해진 권력에 반발해서 생겨난 개혁적인 성향의 종교이다. 개신교를 의미하는 프로테스탄트Protestant라는 말 자체가 항거하는 자들이란 뜻이다. 하지만 그런 종교도 한국에 들어오면 성격이 바뀐다. 사회주의가 북한에 들어가 성격이 바뀌는 것과 흡사하다. 양극의 두 개념이 변질하는 과정은 똑같다는 것은 흥미로운 일이다. 성직자의 권력이 하나님의 영광을 가리는 상황을 개혁하기 위해서 생겨난 개신교지만, 한국에 들어와서는 중세시대에 가톨릭에서 문제가 됐던 것처럼 성직자의 권력이 비대해지고 이에 따라 치명적인 문제가 생겨난다.

바로 교회의 세습 문제이다. 교회가 조금만 커지면 당회장 목사의 아들이 목사직을 세습하는 문제로 분쟁이 일어나고 만다. 이에 반발하는 교인들이 교회를 뛰쳐나온다. 남은 교인과 뛰쳐나온 교인들 사이에 폭로 공방이 이어지고, 이를 지켜보는 일반인들은 교회 다니는 사람들이 만날 저 모양이라면서 고개를 가로 젓는다. 하지만 교회도 이미 하나의 생활환경이 됐기 때문에 쉽사리 교회를 옮기지도 못한다. 한 교회에서 이미 집사이고 장로, 권사인 사람들이 다른 교회로 옮긴다는 것은 수십 년을 살아온 고향을 떠나 다른 마을로 이주하는 것과 마찬가지이다. 교회의 존재 목적인 선교에 매우 바람직하지 못한 현상이지만 그래도 세습은 계속된다.

세습을 하는 사람들은 자신의 지위를 자식에게 부당하게 물려주는 것이 하나님의 영광을 가린다는 비판은 순종하지 않는 자들의 반항이며 하나님의 종에게 반기를 드는 것은 반《성경》적 행동이라고 몰면서 버티기로 일관한다. 이때 순종이라는 개념은 목사의 기득권을 보호하는 데 유용하게 사용된다. 실제로 《성경》에는 하나님의 종에게 함부로 해서는 안 된다는 구절이 있는데, 이 말이 인용되기도 한다.

교회의 세습과 목회자 가족의 권력 비대화는 한국 기독교계가 안고 있는 가장 심각한 문제라고 해도 과언이 아니다. 아들에게 당회장직을 세습하는 것이 비난을 받자 자회사 같은 교회를 만들어 아들에게 주는가 하면 당회장 목사들끼리 각자의 아들에게 교차적으로 세습하는 편법까지 동원되고 있다고 한다. 기업의 편법적 세습과 일감 몰아주기, 담합 같은 수법을 교회들이 발전적 (?)으로 응용하고 있는 것이다. 이렇게까지 해서 당회장 자리를 자식에게 물려주려는 데는 세습에 대한 우리 특유의 전통(?)과 집념도 작용하겠지만, 자식에게 지도자 자리를 물려줌으로써 자신이 저지른 재정 비리 등을 덮으려 한다는 분석도 있다. 어떤 대형교회는 당회장의 비자금이 수백억 원대에 이른다는 등 흉흉한 소문이 나돌기도 한다.

대형교회 가운데는 세습은 하지 않더라도 '오너 목사'의 가족 문제로 내홍을 겪는 것은 물론 사회적 물의를 일으키는 경우도 있다. 세계에서 가장 큰 순복음파(오순절파) 교회인 여의도 순복음교회는 조용기 목사의 아들로 인해 일부 사람들에게 멸시에 가까운 감정을 일으킨다. 조용기 목사는 전 세계적으로 유명한 목회자이다. 미국에서 잠시 산 적이 있는데, 우리에게 집을 임대해 준 미국 할머니가 나를 처음 보자 한 말이 "나는 데이비드 조(조용기) 목사를 안다"였다. 그들 말에 따르면, 조용기 목사는 오순절파에서는 유례가 없을 정도로 세계적 성공을 거둔 목회자이다.

하지만 그의 위대한 목회자로서의 위치는 가족들로 인해 퇴색하다 못해 오욕을 뒤집어쓴다. 부인 김성혜 씨는 순복음교회가 설립한 한세대학교 총장을 맡고 있고, 장남 희준 씨는 〈국민일보〉 회장을 거쳐 순복음교회가 설립한 영산조용기자선재단 사무국장을 맡고 있다. 둘째 민제 씨는 〈국민일보〉 사장에 이어 회장을 맡고 있다. 희준 씨는 벌금 50억 원을 내지 않아 체포되기도 했는데, 보도에 따르면 그 돈을 목사인 아버지가 내줬다고 한다. 그는 여기서 뉘우치지 않고 교회에 100억 원 넘는 손해를 끼쳐 다시 유죄를 선고받았다. 하지만 여전히 그는 교회 관련 단체에서 역할을 맡고 있다.

정의는 어디 있는가? 이런 일들이 조직에 속한 사람들 몰래 이뤄진다면 차라리 나을 것이다. 절망스러운 것은 이런 일들을 상당수 조직 구성원들이 묵인해 주고 오히려 "왜 외부 사람들이 내부 문제에 참견하느냐"며 반발한다는 것이다. 이런 일들을 이성으로 설명할 수 있는가? 대기업과 북한만 비판할 일이 아니다. 우리 사회의 어느 조직이든 그 조직을 융성시킨 사람의 가족에게 공로 없이 제공되는 특혜는 그야말로 최후진국 수준이다.

문제는 교회의 세습이나 목사 가족의 사회적 물의가 교회 내부 문제로 끝나지 않는다는 것이다. **지도자의 세습 문제는 늘 그 조직이 갖는 존재 목적을 훼손하는 결과로 이어지기 때문이다.** 앞서 애기했듯이, 교회의 가장 큰 존재 목적은 선교이다. 세습은 바로 선교에 걸림돌이 된다. 교회를 자기 소유물인 양 상속하는 행위를 어떤 외부인이 좋게 보겠는가? 믿지 않는 사람들에게 세습은 교회의 지도자라는 사람들이 옳지 않은 일을 하고 있고, 심지어는 보통 사람인 자신보다도 못한 도덕적 기준을 갖고 있다는 것을 확인시켜 준다. 그리고 이는 잠재적인 신자들에게 실망감을 주어 선교를 어렵게 하는 결과를 가져온다. 심지어 이미 믿는 사람들조차도 교회에 환멸을 느끼고 교회에 나가는 것을 멈추도록 한다.

또 다른 문제는 교회의 효율적 운영에 관한 부분에서 발생한다. 능력은 없지만 아버지를 잘 둔 아들 목사가 이끌게 됨으로써 교회는 교인을 확장하는 능력을 잃고 만다. 교회를 '창업'한 한국 기독교계의 일부 원로목사늘은 사적 감정에 휘눌려 공적 조직인 교회를 아들에게 물려줄 만큼 인품과 신앙이 부족한지는 몰라도 교인을 모으는 능력만큼은 뛰어난 사람들이다. 설교를 잘하거나, 찬양을 이끄는 능력이 탁월하거나, 개인적인 카리스마가 남다르거나, 교회의 각종 활동을 조직하고 이끄는 데 자질이 있는 사람들이 대부분이다. 따라서 그 교회가 예전처럼 교인을 잘 모으기 위해서는 최대한 능력이 있는 목사를 후계자로 내세워야 하는데, 그러지 않고 자신의 자식을 지도자로 삼다 보니 교계의 전체적인 선교 능력이 떨어지는 것이다.

목사들은 이런 상황에서 신도가 늘지 않는다며 한국 기독교가 위기라고 곧잘 얘기한다. 원로목사가 은퇴하고 그 아들이 물려받은 교회가 교세를 더 확장하는 경우가 드문 것도 이 때문이다 (물론 이들 교회는 세계적 기업들과 엄청난 경쟁을 해야 하는 한국 기업보다는 유리한 위치에 있는 것으로 보인다. 이들 대형교회의 건물이나 시설, 입지 등 물리적 인프라가 워낙 탁월하기 때문이다. 지하철역에서 가까운 위치, 쾌적한 예배공간과 교육시설, 많은 교사를 확보한 유아 프로그램 등 기득권은 무시할 수 없다. 결국 이들 교회의 상당수가 명맥을 유지한다).

종교의 선교 문제는 기업활동과 닮은 점이 많다. 개신교가 가톨릭보다 늦게 들어왔음에도 불구하고 교세를 더 빨리 확장시킨 것은 경제계에서 작용하는 한 가지 원리 때문이라고 본다. 비유해서 말하자면, 개신교의 목사는 자신의 사업을 하는 사업가이고 가톨릭의 신부는 회사원이다. 노력하면 성과가 자신의 것이 되는 사업가와 꼭 그렇지만은 않은 회사원 가운데 누가 더 열심히 일할 것인지는 자명한 일이다. 지나치게 경제적인 해석일지 모르나 그런 세속적 원리가 교세 확장이라는 성스러운 일에 분명 작용한다. 바꿔 말해, 개신교는 바로 자신의 교회를 확장시키겠다는 목사들의 동기부여 때문에 커졌다는 것이다.

하지만 장점이 곧 단점이 되는 것이 인생의 진리이다. 문제는 그런 과정에서 목사가 교회가 자기 것이라고 착각하게 된다는 점이다. 내가 이만큼 키웠으니 자식에게 물려줄 수도 있다는 생각을 갖게 되는 것이다. 목사들 사이에서도 아버지가 큰 교회 목사면 금수저라고 부러워하고 그렇지 못하면 흙수저라고 자조한다고 하니 교계의 천박함, 나아가 선교적인 면에서 비효율적인 상황이 개탄스러운 지경이 아닌가.

심지어 노조도 예외가 아니다. 경영자의 세습에 비판적인 목소리를 내던 대기업 노조가 회사와 협상하면서 자신들의 자녀를 우선 고용하는 조건을 내세워 세습 고용까지 하는 상황이다. 민간기업에서 이런 일이 일어난다면 그것은 다른 면이 있다고 봐야 할 것이다. 경영자가 회사를 위해 필요하다고 판단했다면 말이다. 사실 메르세데스 벤츠와 같은 회사들을 소개하는 다큐멘터리 프로그램을 보면 놀라운 점을 발견하게 된다. 공장 근로자들 가운데 상당수가 부자 관계라는 것이다. 심지어 할아버지 때부터 공장에서 근무한 사람들도 있다. 외국의 유명 회사들 상당수가 공장 근로자의 실질적인 세습을 인정할 뿐 아니라 장려한다.

그러나 정부나 공기업의 채용 과정은 얘기가 다르다. 재미있는 것은 서울시 교통공사 채용비리 의혹이 어찌 보면 재벌의 세습보다 일반인들의 분노를 더 일으켰다는 점이다. 자신의 처지와 관련돼 있으니 그럴 법하다. 열심히 일한다고 재벌 총수가 될 확률은 거의 없지만 일자리 문제는 거의 모든 사람들과 관련된 일이니, 그 과정에 불공정성이 개입됐다는 의혹에 더 분노를 느낄 것이다. 이렇게 부당한 과정을 통해 대학에 들어가거나 취직하는 경우에 대해 우리나라 사람들은 엄청난 분노를 느낀다. 대학 입학을 둘러싼 의혹이 박근혜 정부가 무너지는 데 크게 작용했다는 분석도 있을 정도이다.

적자適者의 패배

그렇다면 국민들의 생존이 달린 한국의 시장경제는 어떤가? 시장경제체제가 끝까지 살아남은 경제 시스템이 된 것은 그것이 인간의 진화 과정과 닮아 있기 때문이다. 시장경제체제에는 인간의 역사를 관통하는 원리가 작용하는 것이다. **적자가 생존하는 진화의 원리와 보다 우수한 생산요소를 갖춘 회사가 살아남는 시장경제체제는 한 핏줄이다.** 적자가 생존하지 못한다면 그것은 시장경제체제가 아니고, 적자適者가 아닌 비적자非適者, 적자嫡子가 생존하도록 체제가 변질됐다면 이는 시장경제의 원리에 어긋날 뿐 아니라 인간의 발전 과정, 진화의 원리에도 역행하는 것이다.

이런 시장경제 원리가 우리나라에서도 작동하던 때가 있었다. 이병철이나 정주영 같은 적자適者들이 경영자였던 때이다. 하지만 이들이 경영에서 물러나면서 인재와 관련된 시장경제 원리, 진화의 원리는 사라지고 말았다. 주주의 이익이나 적자생존의 원리보다는 창업자 자손, 적자嫡子의 이익이 우선시되는 세습적이고 봉건군주제적인 자본주의(이런 형태도 자본주의라고 할 수 있는지는 모르겠지만…)로, 아버지가 국가대표라는 이유로 아들도 국가대표가 되는 체제로 변질되고 만 것이다.

세습은 현 시점에서 한국 사회가 슬럼프를 겪게 된 구조적 요인이다. 그것을 무시하고는 한국 경제는 앞으로 나아갈 수 없다. 맨손으로 시작해서 일가를 이룬 사람들이 은퇴하거나 사망하면서 한국 사회 곳곳에서는 불협화음이 일고, 곳곳에서 발전 속도가 정체되고 있다. 자식들에게 자신의 지위를 어떻게 해서든지 물려주려는 강한 집념 때문에 한국의 정치와 경제, 종교계 등 공적 영역이 모두 커다란 딜레마에 빠져 있는 것이다.

맨손으로 한국 사회에서 거대한 업적을 이뤄 낸 기업가들은 천재적 능력과 천운은 타고났을지 모르지만, 유감스럽게도 자신이 이룬 것에 대한 공적인 책임감이나 부채의식은 없다 해도 과언이 아니다(여기서 다시 부의 상속과 공인으로서의 채무의식을 연결한 버핏의 말에 경의를 표할 수밖에 없다). 그들에게 있어 자신이 이룬 것은 오로지 자신이 잘나서 거둔 결과이므로 당연히 자식들, 적자嫡子에게 고스란히 물려줘야 하는 대상이다. 교회에도 오너 목사라는 말이 나올 정도로 공적인 조직에 대한 그릇된 소유의식은 심각하다. 그 과정에서 자신과 같은 적자適者를 만들어 낸 사회 시스템이 붕괴되는 것은 그들의 관심사가 아닌 듯하다.

그들만의 잘못인가

그렇다면 이렇게 세습을 하는 사람들만을 탓할 것인가? 나쁜 관습이 고쳐지지 않는다면 그런 관습이 용인되는 사회에도 문제가 있다고 봐야 할 것이다.

그 시대에 어떤 일이 일어나고 있고 사람들의 주요 관심사가 무엇인가를 살펴보는 데 언어만큼 훌륭한 수단도 드물 것이다. 지나치게 자기비하적이고 책임전가적으로 사용되는 면도 있지만, '금수저'와 '흙수저'는 최근 몇 년 사이 급격한 속도로 확산된 대표적 합성어로, 인터넷상에서 누군가가 만들어 냈을 이 어휘가 이제는 어엿한 보통명사가 됐다. 이 단어가 급속도로 보통명사화된 것은 지금을 사는 한국인들의 잠재의식의 과녁을 정확하게 맞혔기 때문이다.

우리는 이미 의식적으로나 무의식적으로나 우리 사회에 비윤리적이고 공정하지 못하며 동시에 반시장경제적인 세습이 만연돼 있다고 생각하며, 그것에 대해 강한 감정을 느낀다는 것이다. 하지만 그 감정이 분노가 아니라 자조감이나 체념, 목적을 잃은 막연한 감정에 더 가까워 보이는 것은 유감스러운 일이다. 분노 없이 개선이 이뤄지지는 않으니 말이다.

이렇게 경제 전반에 세습이 만연한 데는 우선 자신이 이룬 업적에 공적 부분이 존재한다는 것을 느끼지 못하는, 지도층의 부에 대한 천박한 인식이 크게 작용한다. 하지만 그것을 바라보는 한국인의 기본 정서가 세습을 그리 부도덕하게 여기지 않고 분노하지도 않는 것도 크게 작용하는 것으로 보인다. 세습이 벌어질 때마다 아시안게임 야구 국가대표 선발 과정에서처럼 국민들이 분노한다면 이런 일들이 계속될 수는 없다.

사람들은 자기라면 절대로 할 수 없는 나쁜 일이 일어났을 때 분노를 느낀다. 예를 들어, 어린이들을 상대로 한 인면수심의 범죄를 접할 때 우리는 분노를 느낀다. '어떻게 인간이 저런 일을 할 수 있는가', '저런 놈은 죽어야 한다'고 생각한다. 하지만 같은 나쁜 일이라도 우리라도 할 법한 일이라고 느낄 때는 그렇게 정직한 분노를 느끼지 못한다. 자신도 할 법하다고 잠재의식적으로 느끼면서도 밖으로는 분노를 나타낸다면 그것은 내로남불이다. 물론 내로남불에서 나오는 분노도 존재한다. 하지만 그 분노는 강도가 약할 수밖에 없다. 마음속으로는 우리도 그럴 수 있다는 것을 알기에 말이다. 우리나라 정치인들이 여야로 나뉘어 국회에서 그렇게 싸우다가도 점심시간이 되면 어깨동무하고 밥먹으러 가는 데는 다 이유가 있다.

기업의 세습에 대해 그렇게 큰 분노를 느끼지 못하는 것은 앞서 애기했듯 그들이 나에게 올 기회를 빼앗아 간다고 생각하지 않기 때문이기도 하지만, 내가 재벌 총수라도 아들에게 물려주고 싶을 것이라고 잠재의식 속에서 생각하기 때문인지도 모른다. 공적인 지위를 사적으로 물려주는 것에 대한 국민적 분노가 야구 국가대표 선발 과정에서처럼 크다면 이렇게까지 기형적인 일들이 유독 우리나라에서만 계속 벌어질 수는 없는 것 아닌가? 이런 일을 하는 기업과 종교 지도자들의 문제만은 아닌 것이다. 우리는 사회적 병폐에 대해 지도층만 탓하는 것은 아닌지 돌아봐야 한다.

수천 년 이어 온 왕정체제에서 벗어난 지가 불과 1백여 년밖에 안 돼서인지는 몰라도, 근본적으로 한국인의 심리 밑바닥에는 봉건적인 것에 대한 순종이 자리하고 있는 것으로 보인다. 이런 '순종'이 이상한 것은, 세습을 행하는 것은 이른바 지도층인데 지도층이 아닌 현대사회의 시민들이 이를 큰 저항 없이 받아들인다는 것이다.

한국 드라마를 보면 정말 지겹도록 나오는 설정이 있다. 출생의 비밀, 기억상실증, 그리고 재벌 2, 3세와의 로맨스이다. 재벌 2, 3세와의 로맨스가 없는 드라마는 거의 없다고 해도 과언이 아닐 것이다. 정말로 히트작을 많이 내는 작가들은 비교적 그런 설정을 하지 않지만, 우리나라에는 유능한 방송작가 층이 그렇게 두텁지 않은 듯하다. 일일 연속극 등 쉽게 여러 편을 만들어야 하는 드라마일수록 이런 경향은 더하다.

이들 드라마에서는 대부분 똑똑하고 잘생긴 남자 주인공이 기조실장 정도의 직함에, 그룹의 후계자로 나온다. 이 금수저 남자 주인공은 겉으로는 '차도남'이지만 속마음은 따뜻하다. 여자 주인공은 그 남자와 결혼해서 상류층으로 진입하지만, 돈 때문에 결혼하는 것은 아니고 재벌 상속자를 정말로 사랑한다. 심지어는 재벌의 후손인지 모르고 사귀기 시작한 경우도 많다. 여자 주인공이 출근 첫날 늦은 바람에 길에서 뛰어가다가 그 남자랑 부딪혀 그 남자의 옷이 찢어진다든지 …. 남자 주인공은 자신의 주위에 있는 여자들(특히 집안에서 정혼해 준 다른 재벌의 자녀)과는 다른 여자 주인공의 털털한 모습에 반한다.

그리고 이 모든 것은 매우 아름다운 일로 묘사된다(실제로 몇 년 전 이렇게 '우연히' 재벌의 후손과 유명 연예인이 만나서 사귀고 결혼까지 하게 됐다고 소개된 사례도 있었다. 사실인지는 잘 모르겠지만). 언론에 '실제로' 곧잘 등장하는, 제멋대로 갑질을 일삼는 재벌가 자손들도 드라마에 등장하기는 한다. 하지만 이들은 주인공이 아니다. 주로 주인공의 적수로 나오는데, 창업주를 도왔던 회사의 실력자이거나 가계의 적통 라인에서 나오지 않은 후손들 혹은 핏줄을 속이고 들어온 캐릭터이다. 적자嫡子가 아니다. 이들은 '나는 왜 이 기업의 후계자가 될 수 없느냐'는 무리하고 얼토당토않은 욕심을 드러내며 적통을 가진 창업주의 아들이나 손자에게 감히 도전한다.

중요한 것은 이런 권력 투쟁이 벌어지는 회사가 상장된 주식회사라는 상식은 늘 무시된다는 점이다. 대다수 주주의 입장에서 볼 때 이런 것들이 부당하다는 경제적 상식이 드라마 작가들에게는 없고 무엇보다 이런 드라마를 보는 시청자들도 큰 거부감을 느끼지 않는 모양이다. 어쩌다가 재벌 가문의 어두운 면을 강조한 드라마가 나오면 '반기업적인' 드라마에 광고를 하기가 어려운 측면이 있다고 기업의 광고예산 집행 담당자들이 불평한다고 한다.

2017년 말부터 2018년 초까지 방영된 KBS 드라마들을 몇 편 골라서 그 의식의 단면을 들여다보자. 먼저 시청률이 놀랍게도 40%를 넘어서 장안의 화제이자 국민 드라마라는 호칭까지 붙은 주말 드라마 〈황금빛 내 인생〉이다. 여자 주인공이 연기를 잘해서 몰입도 잘 되는 드라마였는데, 배경은 역시 대기업이다. 출생의 비밀도 곁들여졌고 재벌가 사람들, 특히 기성세대는 보통 사람들의 정서와는 벗어나서 사는, 그렇게 행복하지만은 않은 사람들로 묘사된다. 아마도 재벌 남자 주인공이 너무 많이 나온 것에 식상해하는 시청자들이 있을까 봐 재벌을 조금 비틀어 본 시도인 것으로 보인다. 남자 주인공은 재벌 후손이기는 하지만 '정상적'인 젊은이이고, 여자 주인공은 재벌을 선망하다가 비판적 시선을 갖게 되지만 결국은 재벌 후손과 이어진다(이 부분은 상당히 암시적으로 처리된다). 재벌 후손은 당연히 잘생기고 유능하기까지 하다.

저녁 일일 드라마 〈미워도 사랑해〉는 재벌 후손이 진정한 '평민'과의 사랑을 찾아 가는 줄거리이다. 또 다른 일일 드라마 〈내 남자의 비밀〉 역시 재벌 기업이 배경으로, 재벌 후손들 간의 기업 경영권을 둘러싼 암투와 사랑을 그린 드라마이다. 이들 기업의 경영권은 대부분 '착한' 재벌 후손 남자 주인공에게 돌아가고, 여자 주인공은 그와 맺어지는 것으로 끝난다. 이런 요소들은 '국민의 방송' KBS에만 해당되는 것은 물론 아니다. 다른 방송사들도 대동소이하다.

이런 드라마들이 유치하다고 비판만 할 일이 아니다. 이런 상황이 수십 년 동안 계속되는 것을 도대체 어떻게 봐야 할 것인가? 이런 드라마들이 아직도 매일 나오는 것은 앞에서 얘기했듯이 훌륭한 방송작가 층이 두텁지 않은 한국 방송계의 현실 때문일 것이다. 보통 사람들을 소재로 한다면 시청자들의 공감을 얻기는 상대적으로 쉬울 법하다. 문제는 흥미를 유지하는 것이다. 보통 사람의 얘기를 흥미롭게 만들기 위해서는 작가의 탁월한 재능이 필요하다. 그것은 매우 어려운 일이다. 그렇지 못할 때는 수십 년 동안 성공해 온 공식을 조합해서 얘기를 끌어갈 수밖에 없다. 창조는 어려운 것이다. 그래서 등장하는 것이 정형화된 재벌가 얘기이다.

이상은 이런 드라마들이 양산되는 현상을 공급자적 측면에서 본 것이다. 현실의 일부, 아니 더 작은 일부일 뿐이다. 이번에는 이런 현상을 수요자적 측면에서 보자. 시청자의 입장 말이다.

이런 드라마들이 그래도 안전한 성공을 보장하는 것은 시청자들이 이런 얘기를 좋아하기 때문이다. '욕하면서 본다는' 수요자들 말이다. 그들의 비밀스럽고 스스로 인정하기 싫은 욕망인 길티 플레져guilty pleasure, 재벌을 부러워하고 세습에 대해 크게 분노를 느끼지 않는 잠재의식은 재벌의 세습을 드라마뿐 아니라 현실에서도 가능하게 한다.

세습을 부정적으로 보는 사람들 입장에서 보면 이런 드라마들은 재벌의 세습체제에 대한 국민들의 저항감을 없애고 이를 당연시하도록 만들기 위한 거대한 사회적 음모가 아닌가 하는 생각마저 든다. 1년 내내, 매주, 하루 종일 대한민국 국민들은 잘생기고 똑똑한 재벌 후손들이 주인공으로 나와 예쁜 여자와 결혼하고 기업의 경영권을 물려받는 드라마를 지속적이고 반복적으로 시청한다.

심지어는 출생의 비밀 때문에 다른 사람 손에 길러진 재벌의 진짜 자손이 우여곡절 끝에 다른 핏줄이면서 총수 자리에 오르려던 악역을 물리치고 자신의 권리birth right인 기업의 주인 자리를 되찾는다. 이쯤 되면 세습은 정의가 되고 만다. 이러한 내용에 익숙해진 시청자들의 잠재의식 속에는 여러 명의 주주들에게 소유권이 분산된 주식회사의 경영권이 창업주 자손에게 세습되는 것에 대한 비판의식이 자리 잡을 틈이 없어지는 것 아니겠는가?

이러다 보니 재벌 해체라는 말이 나오면 사회의 근본을 뒤흔

드는 이야기라며 불안해하는 사람들이 존재하는 것이다. 재벌의 세습 자체가 너무나 당연한 사회제도가 되다 보니 특히 보수적인 사람들은 사회제도가 붕괴되는 것에 대해 불안감마저 느낀다. 재벌 세습이라는 제도 자체가 시장경제와는 맞지 않는 전근대적이고 반자본주의적인 체제가 아니냐는 최소한의 문제의식과 사회적 공론화는 놀라울 정도로 부족하다.

이런 공식들이 드라마에서 아무런 저항감 없이 반복되고 또 시청자들이 받아들이는 사회 분위기를 도저히 지성적이라고 할 수는 없을 것이다(방송작가협회나 방송협회 같은 데서 1년에 재벌가 얘기를 몇 편 이상 쓰지 말자고 쿼터를 정해야 하는 것인지 …). 초등학교에서부터 자본주의가 무엇인가에 대한 교육이 필요하다는 생각이 든다.

충(忠)의 함정:
지도자가 곧 조직?

어릴 때 교과서에서 공부한 내용 가운데 세월이 흐르고 나서 생각해 보니 이상하다고 여겨지는 것들이 더러 있다. 특히 우리나라는 주입식 교육이 중심이 되다 보니 비판적 사고를 못하게 된 것인지 몰라도 이런 내용들이 특히 많다. 우리에게 주어진 것들을 무의식중에 문제의식 없이 받아들이게 된다는 것이다.

음악 필기시험에 나온 문제가 있다. 사지선다형으로 음악의 어머니가 누구냐고 물으면 답은 헨델이었다. 바흐인지 헨델인지 늘 헷갈리게 만드는 문제였다. 이 두 사람은 솔직히 헷갈리는 부분이 상당히 있었다. 둘 다 이름이 두 글자이고, 초상화를 보면 둘 다 머리가 길었다. 아마도 가발이었겠지만. 그들의 음악을 들어 보지도 못한 상태에서 우리는 그저 그들이 음악의 부모라고 배웠다. 그런데 어느 날 바흐의 음악을 듣다 문득 이런 생각이 들었다. 왜 멀쩡한 남자였던 헨델은 음악의 아버지가 아니라 어머니였을까? 왜 음악의 아버지 타이틀은 바흐에게 돌아간 것일까? 바흐가 음악사적으로 더 중요한 작곡가라고 생각하고 바흐를 더 좋아하기도 하는 필자이지만, 이것은 남성우월주의로 느껴지기도 한다. 더 위대한 작곡가가 남성인 아버지로 설정된 것이다.

여하튼 도대체 누가 정했기에 우리는 헨델이 음악의 어머니라는 사실을 받아들여야만 하고, 시험에 나오면 그렇게 답을 써야만 했는가? 전형적인 주입식 교육이고 어찌 보면 멍청한 일이다. 그야말로 '묻지도 따지지도 말고' 식이다. 우리에게는 이렇게 누가 정한 것을 받아들이는 습관이 어릴 때부터 유독 배어 있는지도 모른다. 주입식 교육의 폐해라고나 해야 할까. 따지면 빨갱이다. 관습을 당연히 받아들이는 것도 그렇게 무의식 가운데 심어져 있기 때문인지 모른다. 그런 것들 가운데 하나가 충忠에 관한 것이다.

어렸을 때 배운 가사 문학 가운데 가장 유명한 것은 단연 조선 시대의 명신 송강 정철이 귀양을 가서 썼다는 〈사미인곡〉이다. 대강 이런 내용이다.

이 몸 생겨날 때 임을 따라 생겨났으니
한평생의 연분임을 하늘이 모를 일이던가
나 하나 젊어 있고 임 하나 날 사랑하시니
이 마음 이 사랑 견줄 데가 전혀 없다
평생에 원하되 함께 살아가자 하였더니
늙어서야 무슨 일로 홀로 두고 그리워하는고.
......

그런데 여기서 정철이 그토록 몸부림치며 그리워하는 사람은 여자가 아니다. 대상이 여자였다면 아마도 정철은 가문에서 상당히 어려운 처지에 놓였을 것이다. 점잖은 유학자가 이렇게 구구절절 연애편지나 쓰고 있다면 누가 존경을 했겠는가? 하지만 다행히도(?) 이 지독한 사랑의 대상은 다름 아닌 자신을 귀양 보낸 임금이다.

우리는 이것을 대단한 충성심의 전형이라고 교육받았고, 정철도 이로 인해 좋은 평가를 받았을 것이다. 하지만 지금에 와서 보면 이런 글들을 어떻게 받아들여야 할지, 많은 생각이 든다. 정철이라는 사람은 정말로 이렇게까지 임금을 사모했을까? 진정성은 있는 것인가? 이것은 거의 종교적인 영역까지 간 것 같은데 말이다. 나쁘게 보면 '나 좀 다시 한양으로 불러 달라'는 노골적 아부인 이 글은 주야장천 이어진다.

지금 생각해 보면 학교에서 아무런 비판 없이 이런 글들을 가르친 데는 문제가 있었던 것 같다. 그 당시 상황이 그렇게 지적인 풍토는 아니었기 때문에 당연한 일이었다. 왼손잡이들은 왼손으로 글씨를 쓰다 선생님한테 맞기도 했다. 당시 사람들의 기준으로 보면 정철의 생각은 매우 바람직하고 아름답기까지 했을지 모른다.

하지만 이 애모의 대상이 백성이었다면, 조선이라는 나라였다면 얼마나 좋았을까 하는 생각이 지금에 와서는 든다. 정철도 나라가 곧 임금이라는 교육을 받고 자랐기 때문에 이런 글을 썼을 수도 있다. 남자인 정철이 임금을 그리는 마음을 여자가 남자를 그리워하는 마음에 빗대어 표현했다고 배웠는데, 그게 지금 생각해 보면 닭살스럽기도 하고 오버 아니냐는 생각이 든다. 사랑하는 여자한테 이렇게 썼다 해도 사람에 따라 이건 집착 아니냐고 했을 정도로 사무치는 사모이다. 같은 남성에게 이런 연애편지를 이렇게 길게 속편까지 책으로 쓴다는 것을 어떻게 이해할 것인가?

여기서 애모의 대상이 되는 임금은 쉽게 얘기해서 아버지 잘 만나서 임금이 된 사람이다. 이렇게까지 사모하고 충성하는 것은 지성과는 거리가 멀다. 그 시대에는 그런 게 당연했다고 변호할 수도 있을 것이다. 하지만 인류에게는 시대 상황이 어쨌건 간에 백성과 나라를 군주에 우선시하는 사고가 존재했다. 그 정도의 지성은 과거에도 존재했다는 것이다. 그 시대에도 임금이 폭정을 펼치면 반란이 일어나서 새로운 임금을 내세웠던 것으로 봐서 그런 사고는 있었다고 봐야 한다. 정철이 글로 보여 주는 감정들은 지성적인 사고는 아니었을 것이다.

하지만 우리는 그런 것에 대한 문제의식이 부족한 듯 보인다. 어렸을 때부터 이런 글들을 민주적인 관점에서 배운 적은 없는 것 같다. 최소한 학교에서 가르칠 때 정철의 이런 글을 현대적 관점에서 이해하기는 좀 힘들다는 점을 짚어 줬으면 어땠을까 하는 생각이 든다. 문제는 이렇게 내려온 나라에 대한 충의 개념이 왕에 대한 맹종으로 변질됐듯이, 조직에 대한 애정이 지도자에 대한 충성으로 환치되고 잠재의식으로 남아 현대에도 작용하는 것 같다는 데 있다. 윗사람에게는 임금에게 신하가 그랬듯이 그냥 충성하는 것이 맞다고 생각하는 것 아닌지.

예를 들어서, 어느 정치인이 자신이 '모시던' 정치인을 비판하면 그는 배은망덕한 사람이 된다(유승민 의원, 그리고 탄핵에 참여한 뒤 자유한국당과 바른미래당을 오간 의원들과 박근혜 전 대통령 간의 관계가 그러하다). '모시던' 정치인이 매우 불법적이고도 부도덕한 일을 했다고 해도 그를 공개적으로 비판하고 관계를 끊으면 그는 '배신자'가 된다. 다음 선거에서 그로 인해 표심의 이른바 심판을 받아서 떨어지는 것이 두려워 자신의 행동을 되돌리는 일을 한다.

여기서 황당한 일이 일어난다. 자신이 따르던 정치인을 비판하고 돌아선 정치인들도 배신자가 돼 이른바 심판을 받지만, 불법적이고 부도덕한 행위를 했음에도 그 정치인을 변함없이 따르는 정치인들도 적폐로 몰리는 위선적인 상황이 벌어지는 것이다. 도대체 어떻게 행동해야 한다는 말인가? 옳고 그름보다 충성심과 의리가 앞서는 다분히 조폭적인 상황이 사회 곳곳에서 아무런 비판을 받지 않고 일어난다.

최근에는 한 유명 목사가 신문 사회면을 장식한 희대의 사건이 있었다. 만민중앙성결교회 이재록 목사 사건이다. 그는 자신의 권력과 여성 신도들의 신앙심을 이용해 10여 명의 여성들을 항거불능 상태로 만든 뒤 성폭행한 혐의가 인정돼 1심에서 징역 15년 형을 선고받았다. 그런데 희한한 것은 이에 대한 일부 신도들의 반응이다. '한국교회를 깨우는 독립언론'을 표방하는 〈뉴스앤조이〉의 기사 내용이다.

만민중앙교회에서 '목자'로 불리는 이재록 목사가 법원에서 징역 15년이라는 중형을 선고받았지만, 교회는 크게 동요하지 않았다. 교인들은 이번 사건을 시련과 연단으로 이해하고 극복해 나아가겠다고 다짐했다.

1심 선고 이후 열린 11월 25일 주일예배는 여느 때와 다르지 않았다. 교회는 교인들로 북적북적했다. 예배당 입구에서는 한복을 입은 여성들이 주보를 나눠 줬다. 본당은 일찌감치 자리가 찼고, 다른 예배당도 교인들이 가득했다. 이날 '믿음 소망 사랑'이란 제목으로 설교한 이재록 목사 딸 이수진 목사는 역경과 시련이 있어도 아버지 하나님을 믿으면 기쁨으로 승리할 수 있다고 말했다.

— 〈뉴스앤조이〉, 2018. 11. 25.

이재록 … 씨라고 부르겠다. 그에게 적용된 죄목은 단순한 것이 아니기 때문이다. 목사가 오랜 기간에 걸쳐 10여 명의 여성 신도를 성폭행했다는 것이다. 사실 상식적인 관점에서 볼 때, 법정에서 그 정도가 인정됐다면 실제로는 더 있는 것 아니냐는 의심을 누구나 할 것이다. 끔찍한 일이다. 그리고 그 혐의가 법원에 의해 인정됐는데도 신도들은 교회를 가득 메웠다고 한다. 아니, 그의 딸이 교회를 가득 채운 교인들 앞에 나와서 역경과 시련이 있어도 나아가자고 호소했다고 한다.

어디선가 이런 상황을 본 것 같지 않은가? 독재자이자 왕이었던 지도자가 죽으면 다시 세습 지도자가 나타나고, 그들에게 북한을 제외한 모든 나라가 북한을 탄압하고 있다고 주장하고, 그렇기 때문에 인민들이 더욱 결속을 다져야 한다고 주장하는 일들 말이다.

사실 이는 우리 사회 곳곳에서 일어나는 일이다. 이것보다는 훨씬 약하지만 당회장 목사의 비리가 드러난 많은 교회에서 이런 현상이 일어난다. 교회뿐만이 아니다. 우리나라의 너무나도 많은 조직에서 지도자의 큰 잘못이 드러나도 구성원들은 그에 대한 충성심을 유지한다. 박근혜 전 대통령의 재판이 벌어지는 날이면 서초동 일대는 그의 무죄를 '믿는' '부대'들로 시끄럽다. 그들에게 지도자의 비리가 드러난 것은 하나의 시련일 뿐이다. 사실 그것은 신앙도 아니고 조직에 대한 사랑은 더구나 아니다. 지도자와 조직을 동일시하는 착각, 왜곡된 충성심에서 비롯되는 것이다. 이런 의식은 한국 사회가 도덕적으로나 준법 수준의 면에서 발전하는 것을 가로막는 중요한 요인 중 하나이다.

다시 송강 정철로 돌아가 보자. 〈사미인곡〉에서 그토록 애모의 대상이 된 선조는 누구인가? 우리는 학교에서 그를 그저 국난을 극복한 임금 정도로 배웠다. 여하튼 결과를 놓고 볼 때, 선조대에 조선은 일본을 한반도에서 몰아냈다. 결과는 무시하기 힘든 것이다. 하지만 그에게는 다른 측면도 있었다고 한다. 학교에서는 그가 국민들을 버려 놓고 혼자 살겠다고 도망갔다든지,

이순신 장군에 대해 못난 질투를 했다는 평가가 있다든지, 심지어는 국난 극복에 기여한 자신의 아들 광해군을 견제했다는 등 상당히 못나 보이는 그의 인간적 측면에 대한 평가들은 가르쳐 주지 않았다.

예로부터 내려오는 것에 대한, 즉 권위에 대한 도전을 뭔가 불경스러운 것, 심지어는 좌파적인 것으로 여기는 분위기가 있었다. 우리가 어렸을 때 나쁜 사람이라고 교육받은 임금인 광해군과 연산군, 그들은 공식적인 역사의 패배자들일 뿐이었다. 광해군도 잘한 점이 있다고 '단서'를 달기는 했다. 그런데 광해군은 나중에 알고 보니 '단서'를 다는 것을 넘어서 상당히 괜찮은 사람, 아니 더 바람직한 임금이었을 가능성이 높아 보인다.

그는 많이 알다시피 명과 청 사이에서 중립적인 위치를 유지하려고 했다. 청이 떠오르는 강자이고 강자는 언제든지 깡패로 돌변할 수 있다는 무서운 현실을 잘 아는 눈치 빠른 사람이었던 듯하다. 차라리 광해군이 그의 다른 단점에도 불구하고 임금으로 계속 재위했다면 최소한 조선의 왕이 청으로부터 그런 수모를 당하지 않았을 수도 있고, 백성들은 전쟁에서 도륙을 당하지 않았을 것이다. 인조가 삼전도의 굴욕을 당한 데는 어찌 보면 자신의 책임도 있다 할 것이나 왜란이 끝났나 싶더니 다시 호란을 겪어야 했던 백성들은 무슨 죄인가?

정철은 여하튼 이렇게 그다지 잘나 보이지 않는 선조라는 임금을 그토록 애모했던 것이다. 좋게 봐서 임금도 결국은 백성과 국가에게 얼마나 도움을 줬는가에 따라 평가받아야 한다는 지성이 부족했던 것이고, 나쁘게 보면 아부 아닌가…. 애모의 대상이 혹시 세종대왕 정도였다면 얘기가 달랐을 것이다.

우리 사회에 아직도 각인돼 있는 충효사상 가운데 충은 나라에 대한 충성도 있었지만 세습으로 왕이 된 사람에 대한 충성도 있었다. 이 둘은 구별해야 하며, 특히 현대를 사는 우리는 '사람에 대한 충성'이라는 개념을 비판적으로 받아들여야 한다. 체제와 그 체제의 지도자를 동일시하는 것은 조선시대에조차 바람직한 일은 아니었을 것이다. 당시 사람들조차도 백성과 나라, 그리고 내가 임금에 우선한다는 생각을 했을 것이다.

하물며 지금은 더 말할 나위가 없다. 둘을 구별하지 못하면 심각한 문제가 발생한다. 자기가 속한 체제와 집단을 사랑한다는 이유로 그곳의 지도자까지 동일시해서 그 지도자가 무슨 일을 저지르건 간에 받아들이고, 그 지도자에게 무슨 일이 생기면 조직에 무슨 일이 생기는 것처럼 집단적인 패닉에 빠진다면 큰일이다. 우리의 민도가 이것보다는 높아져야 하는 것 아닌가? 그런 충성심은 기존 질서에 대한 무비판적 수용으로 이어지고 사회는 후퇴한다.

그런 면이 있기에 우리는 아직도 기존 질서인 재벌의 지도자가 세습으로 결정되는 것에 대해 거부감이 없는 것은 아닌가…. 그게 공산주의 사회건, 자본주의 사회건, 종교집단이건 간에 사회에 대한 왜곡된 충성심은 그 사회 지도자 개인에 대한 우상적 충성으로 변질된다. 그리고 그 지도자가 자신의 자식에게 자리를 물려주는 것은 충성의 연장선상에서 받아들여야 하는 것이라고 생각하게 되는 듯하다. 한 집단이 추구해야 할 이상이나 목적보다는 그 집단을 대표하는 지도자에게 충성하는, 본말이 전도된 전근대적인 일들이 아직도 한국 사회에서 공공연히 일어나고 그것이 당연시되는 것은 놀라운 일이다.

능력에 대한 평등적인 인식

'삼고초려'는 유비가 제갈량을 자신의 신하로 데려오기 위해 3번이나 직접 찾아가서 자신과 함께 대업을 이루자고 설득했다는 데서 유래한 말이다. 고사성어가 남는 데는 다 이유가 있을 것이다. 유비가 제갈량을 찾은 어찌 보면 특수한 상황, 즉 에피소드가 고사성어로 살아남은 것은 그것이 사람들에게 전하는 일반적 교훈이 있기 때문이다.

이 고사성어가 제갈량이 얼마나 똑똑하고 괜찮은 사람이었으면 왕이 될 사람이 그렇게까지 했을까를 보여 주기 때문이라는 해석은 뭔가 부족하다는 느낌을 준다. 그것은 제갈량 개인의 탁월한 능력이라는 특수한 상황에 대한 것이고, 후세 사람들에게 주는 교훈은 없기 때문이다. 그 당시 제갈량이라는 대단한 천재가 있었고 그 사람이 얼마나 똑똑했던지 왕이 될 사람조차 수치심을 무릅쓰고 3번이나 찾아가야 했을 정도이다 …. 그래서, 그것이 나와 무슨 상관이란 말인가?

물론 똑똑한 사람이 나오면 숨을 멈추고 경탄해 마지않는 정서가 없는 것은 아니다. 기자를 처음 시작한 시절, 가장 싫어했던 리포트가 있었다. 싫어했지만 해야 했다. 다른 회사들도 했고 데스크들이 시켰기 때문이다. 그런 기사를 당시 대중은 좋아하는 듯했다. 교육부가 매년 대학입시에서 수석을 한 수험생을 발표하면 그의 집을 찾아가서 "학교 수업 위주로 열심히 공부했고, 과외는 하지 않았으며, 잠은 하루에 6시간 이상씩 잤어요"라는 거짓말인지, 진짜 경험인지 모를 얘기를 듣고 방송에 내보내는 것이었다.

그 리포트를 할 때 늘 느끼는 자조감이 있었다. 수석합격자는 매년 나오게 돼 있는데 이게 무슨 뉴스라는 말인가? 도대체 이제 18살인 이 어린 아이가 무슨 사회적 공헌을 했고 위대한 일을 했기에 나는 야근하던 도중에 아침부터 남의 집에 찾아가 이런 리포트까지 해야 한다는 말인가? 이 친구들이 잘나서 앞으로 법관이 되고 의사가 되고 …, 그런 것들이 국민들과 무슨 상관이란 말인가? 우리는 그저 이들이 나중에 출세하는 것을 부러워하는 것이고, 그것 때문에 리포트를 하는 것 아닌가? 그런 의미에서 너무 노골적으로 세속적인 뉴스라고 생각했다. 다행히 요즘은 이런 뉴스를 하지 않지만.

어느 시대를 막론하고 천재들은 있었다. 그들은 대부분 좋은 유전인자를 받았거나, 유전인자 안에서 벌어지는 신비스럽고 어찌 보면 무작위적인 조합과 상호작용에 의해서 천재가 된다. 노력한다고 천재가 되는지는 매우 의심스럽다. "천재는 1%의 영감과 99%의 땀에 의해 이뤄진다"는 에디슨의 말은 노력 없이는 자신에게 주어진 천재를 이 세상에서 구현하기 힘들다는 것이지, 노력한다고 누구나 천재가 된다는 의미는 아닐 것이다. 우리가 말하는 천재는 흔히 자질에 그 사람이 이룬 업적이 합쳐진 개념이다.

아무리 똑똑한 사람도 업적이 없다면 천재라고 부르지 않는다. 업적이 없다면 그 사람이 천재라는 것을 믿을 근거가 없다. 베토벤은 천재적인 자질을 타고났지만 그 많은 걸작들을 만들어내기 위해 쉬지 않고 일을 했을 것이다. 그래서 천재는 노력을 많이 해야 된다고 에디슨은 말했을 것이다. 업적을 이루기 위해. 하지만 그렇다고 해서 천재가 노력만 하면 되는 것은 아니다. 1%이건 50%이건 90%이건 영감이 있어야 하는 것이다. 그것이 비록 1%라도 천재가 되기 위한 자질을 타고나지 않은 보통사람이 천재가 될 수는 없다. 열쇠는 매우 작은 부품이지만 그것 없이 자동차는 움직이지 않는다.

그런 의미에서 삼고초려라는 고사는 천재가 아닌 사람들에게 부러움의 대상일지언정 시사점은 없다. '너 잘나 좋은 거지 나랑 무슨 상관이 있는가? 어차피 다다를 수가 없는 경지인데 ….' 그런 점을 고려할 때, 삼고초려라는 말이 세월의 부식작용을 견뎌 내고 살아남은 것은 제갈량이 얼마나 잘났는가를 보여 주기 때문이라기보다는 대업을 이루기 위해서는 인재를 등용해야 한다는 교훈을 담고 있기 때문이라고 봐야 할 것이다. 즉, 이 고사는 제갈량의 관점이 아니라 유비의 관점에서 볼 때 비로소 사회적, 보편적 의미를 띠게 된다.

중국의 역사를 보면 왕이 뛰어난 신하를 얻기 위해 대단히 애쓰는 사례들을 많이 보게 된다(생각할수록 중국인들은 시장경제에 최적화된 의식을 가진 것으로 보인다). 그들은 인재를 얻고 나면 천하를 얻은 듯 기뻐한다. 인재의 말을 들은 사람이 성공하고, 인재의 말을 무시하고 독단적으로 행동한 사람은 패배하는 것을 기록과 소설을 통해 강조한다. 유방이 결국 자신보다 외적 조건이 비교도 안 되게 좋아 보이는 항우를 이기는 과정을 보면 그런 사례들을 볼 수 있다.

그런데 우리나라 역사에서는 과문한 탓인지 그런 일들을 별로 찾아볼 수 없다. 심지어는 개인적으로 회사생활을 하면서 많은 인사를 당하고 목격했지만, 인사는 늘 위를 바라보는 형태로 진행됐다. 무슨 말인가 하면, 인사를 당하는 사람이 늘 인사를 하는 사람의 선처를 바라는 시각이 강했다는 것이다. 인사는 상호적인 것이 아니라 윗사람의 일방적인 시혜 행위로 여겨진다.

그런데 이것은 매우 비합리적인 일이다. 윗사람의 입장에서 보면 인사를 잘해야 자신의 성과가 높아지기 때문이다. 따라서 능력 있는 아랫사람을 못 두게 될 경우 그것을 유비처럼 매우 아쉬워해야 한다. 하지만 그런 사회적 분위기는 감지되지 않는다. 그냥 자신과 지연·학연이 있거나 정치 이념이 비슷한 사람, 친한 사람, 자기를 잘 모시는 후배 등의 자격(?)으로 이른바 이너서클 안에 있는 사람들을 기용하는 경우가 많다. 더 기가 막힌 것은 그렇게 인사를 해놓고 성과가 나지 않는다고 자신이 능력 외 요인을 기준으로 기용한 사람들을 닦달하는 지도자들이 너무 많다는 점이다. 정말 미련한 사람들이다! 그 옛날 중국 사람들이 알았던 것을 우리는 아직도 모르는 것인가? 여하튼 그러다 보니 인사는 늘 상호적인 행위가 아니라 시혜인 것이고, 유능한 사람을 기용하면 기용당하는 사람만 혜택을 보는 것이 아니라 그를 기용한 조직과 리더도 이익을 본다는 관점은 무시된다.

왜 그럴까? 우리 역사를 보면 신하들은 왕권에 도전하는 저항 세력으로 비치는 경우가 많다. 심지어 역사의 상당 부분이 왕과 신하들의 투쟁으로 형성된 것처럼 보이기도 한다. 이른바 위대한 왕들은 왕권을 강화하기 위해 신하들을 처형하고 판을 정리한 다음, '자신의 뜻'을 편다. 똑똑하고 비전을 가진 신하가 처형당하거나, 귀양을 가서 뜻을 펴지 못하고 책이나 쓰다가 죽는다(이런 때 역사에 남는 명저를 쓴 경우는 그나마 다행이라고 해야 할까).

물론 신하들이 너무 자신들의 파벌 싸움에 몰두하다 보니 왕의 통치에 장애물이 되는 경우도 있기는 하다. 하지만 정도전 같은 사람들은 정말 왕을 도와서 백성들이 잘살도록 함께 일하는 협력자가 될 수 없었을까? 우리 역사에서 강한 2인자는 용납되지 않거니와 말로가 좋지도 않다. 1인자는 유능한 2인자를 둬서 자신에게 유리한 방향으로 사용한다는 생각을 하지 않는 듯하다. 왜 왕권을 강화하는 것은 좋은 일이고 훌륭한 인재를 등용해서 자신에게 없는 지혜를 빌려 나라를 다스리면 안 되는 것일까? 왜 우리나라 역사에는 유비 같은 왕이 없었던 것일까 말이다.

신하들과의 투쟁에서 '왕권을 강화한' 왕들이 업적이 있는 임금이라고 학교에서 배운 기억이 난다. 왕이 된 사람은 자신이 하고 싶은 대로 해야 하고 그래도 되며, 비전을 가진 신하는 왕에게는 질투의 대상이자 위협이 된다. 이순신 장군을 선조가 질투하고 위협으로 느꼈다는 해석은 이런 면에서 가슴에 와 닿는 부분이 있다. 왕이 신하를 질시하는 것은 그만큼 왕을 사람 이상의 존재로 생각하는 분위기 탓일 수도 있다. 왕이 신하에게 도움을 구하는 것을 수치스럽게 생각했는지도 모른다. 그런데 중국 사람들에게 있어 영웅은 다른 사람을 포용하고 인재를 적시에 쓰는 사람이라고 한다. 혼자 잘나서 다 하는 임금을 영웅으로 보지 않고 오히려 인물을 소중히 여기고 잘 사용하는 사람이 영웅이라고 하니 왜 그런가 다소 의아한 생각이 들지만, 영웅을 덕이 있는 동시에 남의 지혜를 빌릴 줄 아는 지혜로운 사람으로 여기는 것 아닌가 하는 짐작이 든다.

여하튼 중국과의 이런 차이점의 바탕에는 1인자가 혼자 돋보여야 한다는 우월의식도 있지만, 나라를 다스리는 것조차 누구나 할 수 있다는, 능력에 대한 그릇된 평등의식 또한 깔려 있는 것으로 보인다. 우리가 흔히 듣는, "내가 걔보다 못한 게 뭐 있냐"는 식의 말이 그러하다. 이는 샘이 많은 우리 민족의식 속에 늘 있는 생각인 것 같다. 여기서 '걔'는 나보다 잘나가는 사람이다. 하지만 우리는 늘 '걔'는 잘난 것 없이 아버지 잘 만나서, 혹은 '빽'이 좋아서 그 자리에 오른 것이라고 생각한다. 실제로 그런 경우가 많기 때문에 늘 틀린 말이라고 할 수는 없다. 하지만 현실이 그렇다고 해서 특정한 자리에 아무나 올라가는 것이 정당화될 수는 없다. 그런 현실은 고쳐야 하는 대상으로 삼아야지, 그저 받아들이고 능력도 안 되는 '걔'가 됐으니 능력이 없는 아무라도 그 자리에 올라도 비난하면 안 된다는 식의 엉뚱한 논리로 빠지면 안 된다.

능력에 대한 평등의식에 따르면 왕도 당연히 혼자서 할 수 있는 역할이고, 굳이 신하의 말을 따를 필요는 없다. 신하들은 자신들의 이익만 챙기는 사람들이고 권력을 쥐여 주면 결국은 사욕을 챙기게 된다는 의심이 작용한다. 그래서 비전을 가진 똑똑한 신하는 자신의 위신을 위협하는 사람으로 둔갑한다(물론 제갈량이 후세에 결국 유비를 가릴 만큼 위대한 인물로 자리 잡은 것은 사실이다. 대업을 이루기 위해서는 제갈량과 같은 인재가 꼭 필요하다고 판단한 유비의 자신에 대한 냉철한 판단은 그래서 더 돋보인다).

못난 왕일수록 이런 현상은 더 심하다. 잘난 사람은 열등의식이 없다. 자기처럼 잘난 사람을 기용해서 자신이 성과를 올리는 데 이용하려 한다. 하지만 못나고 샘이 많은 지도자는 못나도 자신에게 충성하는 사람, 자기와 친한 사람, 고향이 같은 사람을 기용한다. 우리 역사상 가장 위대한 왕이라는 세종대왕 때 역사상 가장 유명한 정승인 황희가 있었고 정조대왕이 정약용을 아꼈다는 것은 우연의 일치가 아닐 것이다.

이 상황을 현재의 시점으로 치환해 보자. 임금은 재벌 총수이고 신하는 전문경영인이다. 옛날에도 나라를 다스리는 데는 유능한 신하가 필요했다. 하지만 우리나라에는 그런 의식이 부족해 보인다. 임금이 주도적으로 하면 되는 것이고 그래야만 '가오'가 서는 것이다. 그런 의식은 지금도 작용한다. 그래서 단지 아버지가 총수였다는 이유로 아들이 그 자리를 이어받아도 되는 것이다. 그런 의식의 밑바닥에는 어마어마한 규모로 커버린 재벌의 총수 업무를 제대로 수행하기 위해서는 대단한 재능과 노력이 필요하다는 상식이 자리 잡을 틈이 없다. 재벌 총수도 웬만하면 그냥 아무나 할 수 있는 것이고 그 사람이 주도적으로 회사를 운영해야 '가오'가 선다는 그릇된 의식이 작용한다.

문제는 세종대왕처럼 자리를 세습한 지도자가 지도자로서의 천재를 타고나는 일이 역사적으로나 확률적으로 별로 없는데도 심지어 21세기에도 세습이 계속된다는 것이다. 그들은 자신들이 지도자가 될 만한 자격이나 업적이 없다는 것을 실제로 아는지 의심스럽다. 지도자가, 그것도 세습으로 위치를 물려받은 지도자가 신하가 아니라 자신의 독단적인 판단으로 조직을 이끌 수 있다고 믿었던 왕들의 '근자감'(?)을 그대로 물려받은 것은 아닌지 생각해 볼 필요가 있다는 것이다. 그것은 그들에게 의존해야 하는 사회와 국민 입장에서 보면 매우 위험한 일이다.

유비 같은 총수들이라도 있었다면, 그들은 자신이 판단하기보다는 제갈량 같은1 임원들을 구해서 그들의 비전을 빌려서 기업을 운영했을 것이다. 하지만 그런 일들은 별로 일어나지 않는 듯하다. 자리를 물려줄 아들이 너무 어리고 총수가 일찍 죽거나 와병 중이어서 부득이하게 과도적으로 전문경영인이 필요한 경우가 아니고는 그런 일이 일어나지 않는다.

놀랍게도 이런 기업들 가운데 상당수에서는 전문경영인들이 과도기에 '부득이하게' 권한을 위임받아서 회사를 크게 도약시킨다. 하지만 그러면서 세간의 주목을 받게 마련이고, 그나마 몇 명밖에 안 되는 이들은 세습이 이뤄지고 나면 총수권에 위협이 되고 총수의 위상을 가리는 위협적인 존재가 돼서 대부분 고문직을 받고 경영 일선에서 물러난다. 옛날 같으면 처형당하거나 귀양을 갔을 것인데 그나마 발전한 것인지 …. 역사가 반복되는 게 놀라울 뿐이다.

세습체제에서 그나마 유능한 전문경영인이라도 많으면 좋을 텐데, 개인적인 편견일지는 모르나 우리 대기업에서 정말 핵심 실세가 되는 사람들 가운데는 왕권에 가까운 재벌 총수의 세습을 공고히 하는 데 공을 세운 '충성심' 강한 사람들이 많아 보인다. 이런 상황 역시 세습에 원인이 있는 것으로 보인다. 정상적인 경영권 세습이 어렵다 보니 2, 3세가 경영권을 이어받는 일은 대규모 군사작전 같은 성격을 띠게 된다. 몇 년 전부터 차곡차곡 준비가 필요하다. 정계에 로비도 해둬야 하고 법적으로 문제가 없도록 조치를 취해야 한다. 후계자가 소유한 주식 분포에 유리하도록 이른바 '그룹 개편'도 해야 한다. 상장되지 않은 계열사 주식을 증여하는 일에서부터 시작해서 그런 회사들에게 일감을 몰아줘서 돈을 벌게 해주는 일까지, 경영권 세습 작업에는 엄청난 인력과 노력이 필요하다.

이렇게 일이 진행되다 보니 후계자 승계 작업에 공이 있는 사람들이 중용되고 업무적으로 탁월한 사람이 배제되는 것 아니냐는 의심을 해본다. 실제로 이 책을 준비하면서 과거에 대기업에서 임원을 했던 사람들한테 이 이야기를 했더니 크게 고개를 끄덕이는 경우가 있었다. 결론적으로 조직에 대한 공헌도가 높은 사람보다는 총수 일가에 대한 충성심이 강하고 세습 작업에 공이 있는 사람이 출세하는 경우가 많은 것 같다는 얘기이다. 이들은 때로는 총수가 나중에 놀랄 정도로 많은 부를 축적하지만 총수 일가의 비리를 너무나 많이 아는 관계로 총수마저 함부로 대할 수 없는 존재가 되고 만다.

월급쟁이가 이른바 신화를 쓰려면 경영능력이 뛰어나기보다는 총수 일가의 세습 같은 일에 공을 세워 그들의 비밀을 많이 아는 것이 훨씬 현실적이다. 총수 일가가 친 사고를 잘 처리해서 출세했다는 사람도 봤다. 물론 이 경우 감방에 갈 수 있다는 것도 염두에 둬야 하지만, 그렇게 해서 감방에 잠시 다녀온 사람에게는 평생 먹고 자식들도 아무 걱정 없이 살 수 있을 정도의 부가 보장된다. 진짜 조직, 즉 조폭을 소재로 한 영화에 자주 나오는 이런 일이 현실에서는 대기업에서 더 자주 일어난다! 이러다 보니 OECD 가입국인 우리나라 대기업에서 뛰어난 경영능력으로 이름이 알려진 경영인이 신기할 정도로 드물다.

어찌 됐건, 아무나 지도자가 될 수 있고, 지도자가 된 이는 자신에게 '충성'하는 임원들에게 둘러싸여 재벌 총수로서의 거대한 결정들을 주도적으로 해도 된다는 비합리적인 능력에 대한 사회주의적 평등의식과 '근자감'은 이른바 우파이건, 좌파이건 우리나라 사람들의 잠재의식 속에 공통적으로 숨어 있는 것으로 보인다.

보수와 시장경제에 대한 오해

보수에 대한 이해의 부족이야말로 재벌의 세습 문제가 고쳐지지 않는 가장 큰 사회적 요인 가운데 하나인 듯싶다. 이 부분은 매우 중요하다. 이 사회를 움직이는 자본주의와 시장경제에 대한 최소한의 존중만 있어도 이런 일들은 일어나지 않는다. 그리고 보수야말로 자유시장경제체제의 완전성을 지키는 데 진보보다 더 열정적이어야 한다. 그런데 역설적이게도, 우리나라에서는 보수 정권일수록 재벌의 세습에 관대한 듯하다.

보수는 무엇인가? 적어도 경제적으로 볼 때는 시장경제를 진보보다 극단적으로 추구하고, 규제를 줄이고 세금은 적게 걷는 작은 정부를 추구하는 속성을 가진 것이 보수일 것이다. 경제와 관련한 보수의 특성 가운데 그 어느 것도 재벌의 세습에 대해 더욱 관대하고 재벌가 자녀가 지분을 많이 가진 회사에 주문을 몰아주는 것을 용인하는 것과 맞닿아 있는 부분이 없다. 이런 일들은 보수가 지향하는 시장경제나 능력에 근거한 효율성에 오히려 역행하는 일이기 때문이다.

미국에서 이런 일감 몰아주기가 일어난다고 상상해 보라! 얼마나 강한 처벌이 이뤄질 것인가! 그것은 실질적인 배임이다. 그들이 시장경제에 대한 도전으로 여기는 담합행위에 대해 내리는 처벌만 봐도 미뤄 짐작할 수 있을 것이다. 그들은 담합행위에 대해 어마어마한 경제적 징벌을 내리고 담합한 사람들은 감방에 보낸다. 한국 기업들이 종종 미국에서 담합을 하다 적발되는 경우가 있는데, 그들에게 내리는 처벌이 한국에서도 이뤄진다면 이른바 보수층으로부터 정부가 반기업적이라는 비난을 면할 수 없을 것이다. 자본주의의 효율성을 저해하는 '반역행위'를 단호히 처단하는 것, 이것이야말로 진짜 자본주의인데도 불구하고 말이다.

실제로 OECD와 세계은행에 따르면, 담합으로 얻는 것으로 추정되는 부당이익에 과징금을 비교하면 미국은 57%, EU는 26%인 반면 한국은 9%밖에 안 된다고 한다. 담합을 하면 10배 이상의 장사가 된다는 말인데 누가 담합을 하지 않겠는가? 자본주의를 전 세계에서 가장 세게 한다고 할 수 있는 미국이 얼마나 담합에 대해 집착을 갖고 단속하는지는 인상적이다. 그리고 그것을 두고 반기업적 정서를 조장한다고 비판하는 사람은 없다. 그것이 자본주의이고, 보수라면 오히려 더 강하게 추구해야 할 방향이다.

그런데 언제부터인지, 한국에서는 이런 이야기를 하면 진보로 분류되는 기이한 일이 벌어지고 있다. 이런 기준이라면 앞서 언급한 미국 법무부는 급진 좌파들의 소굴이어야 한다. '웃픈' 것은 한국에서는 실제로 대기업 담합을 비난하는 사람들이 이념의 스펙트럼에서 다소 왼쪽에 있는 경우가 많다는 것이다.

하지만 보수라고 해서 이런 일들을 눈감아 준다면 진정한 보수가 아니다. 한국에서 보수 정부는 재벌의 일감 몰아주기에 대해서 상대적으로 덜 비판적이다. 그것이 자원의 효율적 배분과 거리가 먼 것이고 경쟁을 해치는 반시장적 요소이지만 대부분 이에 대해 침묵한다. 오히려 시장경제의 원리주의적fundamentalist 관점에서 보면 이단일 수 있는 진보가 이 부분에 관심을 보인다. 일감 몰아주기 단속은 곧 시장에 대한 단속이며, 계급 타파를 외치는 좌파 성향의 정책인 것으로 치부하는 경향이 있다. 이 역시 '시장'과 '시장을 움직이는 자', 기업과 경영자를 혼동한 결과이다. 보수와 진보를 떠나 자신의 정체성을 정확히 이해하기는 정말 힘든 일이다. 모든 사람들이 자신의 정체성대로 산다면 우리 사회의 대부분의 문제들이 해결될지 모른다.

보수와 진보에 대한 이렇게 다분히 감정적인 반응들은 사회적으로 전혀 도움이 되지 않는 일이다. 보수와 진보를 막론하고 시장경제를 하자는 데는 의견을 같이해야 한다. 다만, 예를 들어 공급 혹은 수요 측면에서 부를 창출할 것인가, 그렇게 해서 벌어들인 부를 어떻게 나눠 가질 것이냐 등에 대해서 이견을 가져야 제대로 된 시장경제 국가일 것이다. 하지만 그런 일은 한국에서 벌어지지 않는다. 그것은 한국에서 '보수를 한다'는 정치인들의 숙제이다. 그들은 경제정책적으로 충분히 보수적이지 않다.

미국의 경우를 보자. 공화당 내부에는 티 파티Tea Party라는 분파가 있다. 이들은 우파인 공화당에서도 더 오른쪽에 속한 사람들이다. 이들이 기존 공화당 지도층에 불만을 느낀 것은 그들이 경제정책에서 충분히 보수적이지 않다고 생각하기 때문이다. 이들은 세금을 줄이고, 정부의 재정지출을 줄이고, 국가부채를 줄이고, 정부의 역할은 최소화해야 한다는 보수의 이념을 충실히 따르려 한다. 이들은 정부가 세금을 올리거나 팽창적 예산을 내놓으면 죽기 살기로 예산을 줄이기 위해 달려든다. 우리의 보수가 처음에는 예산을 줄이겠다고 달려들다가 나중에 밀실에서 자신들의 지역구에 예산을 더 배정받고 팽창 예산안을 통과시키는 것과 비교가 된다. 티 파티에게는 적어도 그들이 생각하는 '옳은' 경제정책에 대한 열정이 있다.

보수의 내부 분열이 시장경제 원칙에 보다 충실하자는 열정에서 비롯됐다는 것은 매우 신선하고 감동적이기까지 하다. 한국에서는 보수가 시장경제를 훼손하는 행위에 대해 상대적으로 관대하다는 인상을 주는 일이 벌어지고 있다. 담합이나 증권시장을 교란하는 내부자 거래, 독과점 행위, 편법 상속, 일감 몰아주기, 정경 유착 등은 시장경제의 원칙과는 상관이 없다. 물론 진보가 재벌들의 이 같은 행위에 대해 더 엄격한 것이 시장경제에 대한 믿음보다는 불평등과 재벌 총수 일가에 대한 거부감 때문일 수도 있지만, 결과적으로 시장경제의 효율성을 해치는 행위에 대해 진보가 더 엄격한 역설적 현상이 한국에서 벌어지고 있는 것은 사실이다.

재벌 운영의 반시장경제적 요소가 보수와 진보의 관점에서 잘
못 이해되는 것으로 인해 생기는 사회적 문제는 여기서 그치지
않는다. 반시장경제적 요소가 당연히 시정돼야 할 문제로 받아
들여지는 대신에 보수와 진보, 즉 정치적 문제로 오해되는 순간,
그것은 논쟁적 이슈로 변질된다. 문제가 시정돼야 한다는 사회
적 공감대가 형성되기 어려워지는 것이다. 재벌 운영의 반시장
경제적 문제가 그래서 한국에서는 시정되기 어려운지 모른다.
한국 재벌의 반시장적 행태는 진보 정권에서는 개혁의 대상이 되
지만 보수 정권이 들어서면 마치 복지정책의 확대처럼 다시 잠잠
해지는, 이념적 이슈로 치부된다.

기독교나 이슬람 원리주의가 교리에 대한 철저한 순종을 내세
우듯이 시장경제 국가에서 보수는 시장경제 원칙에 대한 천착을
추구해야 하는데, 기득권과 기존 관행에 대한 '보수'로 변질되는
것은 안타까운 일이다. 정권이 진보와 보수로 번갈아 바뀔지라
도 보수는 시장경제 원칙을 추구하는 차원에서, 진보는 사회적
불평등을 바로잡는 차원에서 재벌의 세습경영에 접근한다면 정
권이 바뀔 때마다 후퇴와 전진을 반복하지 않고 조금씩이나마 개
선될 수 있을 것이라는 아쉬움을 갖게 된다.

세습과 상속

여기서 반론이 나올 수 있다. '그렇다면 우리나라 사람들이 가진 자식에게 뭔가를 물려주고 싶은 욕망이 그렇게도 나쁜 것이라는 애긴가?' 물론 자신이 번 것을 자식에게 물려주는 게 잘못은 아니다. 상속은 어찌 보면 본능에 가까운 일이다. 그리고 본능이 꼭 나쁜 것은 아니다. 오히려 자본주의를 움직이는 원동력이라고 할 것이다.

영화 〈월스트리트Wall Street〉에는 미국 영화사상 유명한 캐릭터가 나온다. 마이클 더글러스Michael Douglas가 연기한 고든 게코이다. 실존 인물인 정크본드의 제왕 마이클 밀켄Michael Milken을 모델로 했다고 알려진 게코는 "탐욕은 좋은 것이다"라는 유명한 대사를 남긴다. 게코는 여기서 존경받을 만한 인물이 아니다. 돈을 벌기 위해 불법적인 일에 눈감는 사람이다. 게코의 모델이라는 밀켄 역시 내부자 거래로 감옥에 갔다.

하지만 그렇다고 해서 그의 말이 꼭 틀렸다고 할 수는 없다. 영화를 본 많은 사람들이 "탐욕은 좋은 것"이라는 그의 말에 크게 반감을 갖지 않았을 것이다. 오히려 공감했다. 영화를 만든 올리버 스톤Oliver Stone 감독의 의도였는지는 모르지만 이런 영화에 나오는 악역은 너무나 매력적이어서 반대 효과를 내기도 한다. 마이클 더글러스가 너무나 연기를 잘해서(그는 이 영화로 아카데미 남우주연상을 받는다. 그의 '인생 배역'이었다) 이기도 하지만, 그의 말에 관객들이 전혀 공감하지 않았다면 그렇게 유명한 대사로 남지는 않았을 것이다.

자본주의는 결국은 그의 말대로 탐욕에 관한 것인지도 모른다. 탐욕이 나쁜 것은 아니다. 그것은 사람이 열심히 일하도록 만드는 가장 중요한 동력이다. 다만 그것이 자본주의와 시장경제의 장점을 훼손하고 사회의 이익에 반하는 지경이 되는 것은 막아야 한다.

상속에 대한 욕망도 마찬가지이다. 가업이라는 것이 있다. 자신이 하던 냉면집을 자식에게 물려주는 것을 탓할 것인가? 자신이 대주주로 있는 중소기업이나 심지어 대기업을 상속세를 제대로 내고 물려준다면, 그 세금은 공공의 이익에 사용될 수 있다는 점에서 아름답기까지 하다. 최근에 아파트 값이 오르고 금수저, 흙수저에 대한 사회적 인식이 첨예화되면서 어린 아이들이 건물을 상속, 증여받는 것에 대한 비난이 일었다. 이런 일이 일어나지 않도록 대책을 세워야 한다는 여론이 형성되기도 한다.

하지만 이런 현상은 어찌 보면 위선적이고 표피적인 것이다. 자유국가에서 자신의 후손에게 재산을 물려주는 것은 잘못된 일이 아니다. 세금을 제대로 내면 그만이다. 그들이 세금을 많이 내면 그 돈을 국가가 저소득층 등 지원이 필요한 국민계층에게 쓸 수도 있는 것이다. 또한 아파트를 성인 자녀에게 물려주면 그것은 괜찮은 것이고 어린 아이인 손자 손녀에게 물려주면 안 된다는 논리는 상당히 단세포적이다.

문제는, 다시 말하지만, 상속이 아니라 세습이다. **자기의 것을 자식에게 물려주는 것은 상속이지만 공적인 지위를 편법적으로 물려주는 것은 세습이다.** 자신이 지분의 대부분을 소유하고 있다면 그것이 냉면집이건, 중소기업이건, 심지어는 대기업이건 법적으로나 윤리적으로나 사적 소유물이다. 주인이 자식에게 물려준다 해도 세금만 제대로 낸다면 아무런 문제가 되지 않는다.

정치적 지위가 부모에서 자식에게로 이어지는 경우가 있다. 정치적 지위는 개인이 소유하는 것은 아니고 근본적으로 공적인 자리이지만 유권자들이 선택하는 것이기 때문에, 공정한 선거라는 합법적 절차에 의해 뽑혔다면 아버지가 누구이건 간에 세습이라고 비난할 수는 없을 것이다(물론 누군가의 자손이라는 이유만으로 자격이 안 되는 사람을 지도자로 선출하는 행태가 있으나, 그건 잘못됐는지는 몰라도 합법적인 일이고 유권자들이 지고 가야 할 부담이다). 하지만 주식이 상장되고 소유가 분산돼 한 개인이나 가문의 소유가 아닌 기업, 다른 많은 주주들이 공동으로 소유한 기업의 경영자 자리가 편법적으로 세습된다면 문제는 달라진다. 다수 주주의 이익이 창업주 일가의 세습이라는 반시장적 관습으로 인해 침해당할 수 있다.

창업주 일가와 대다수 주주의 이익이 일치하지 않는 경우가 있을 뿐 아니라, 그렇게 자리에 오른 경영자가 능력이 따르지 않아 다른 주주들과 종업원, 나아가 그 기업의 활동에 영향을 받는 국민들의 이익을 해칠 수 있는 것이다. 이는 주식회사를 중요한 기반으로 삼는 시장경제체제에 대한 도전이다. 특히 우리나라처럼 대기업이 국민경제에서 차지하는 비중이 큰 나라에서 대기업 경영자는 공직이라고 해도 과언이 아니다.

탐욕은 좋은 것이다. 자식에게 물려주고 싶어 돈을 열심히 모은다면 그것을 탓할 수는 없다. 하지만 그 탐욕이 시장경제의 원칙에 어긋나는 방향인 경영권의 편법적 세습으로까지 이어지고 공직이나 다름없는 자리가 사유화된다면 그것은 시정해야 한다.

제 4 장

막장 자본주의

세습의 부작용

4세의 시대

2018년 6월, LG그룹과 관련해 다음과 같은 제목들이 달린 기사
가 실린다.

"구광모의 LG그룹, 4세 경영의 첫 출발"
"LG그룹 4세 체제 기반 다진다"
"LG그룹 4세 경영 가동"

구본무 회장이 작고함에 따라 LG그룹 경영이 23년 만에 4세
체제로 변화를 맞게 됐다는 것이다. 그런데 무려 4세 체제이다.
구본무 회장의 뒤를 이을 사람은 1978년생으로, 2018년 현재 만

40세인 구광모 씨이다. 구본무 회장의 장자로 입양된 사람이다. LG그룹은 장자가 회사를 이어받는다는 원칙이 있다는 사실도 소개되었는데, 구광모 씨는 구본무 회장의 동생인 구본능 희성그룹 회장의 장남이라고 한다.

어쩐지 21세기가 아니라 근대사가 연상되는 이야기이다. 장자가 기업 경영권을 이어받는 것도 그렇지만, 대를 이으려고 친척을 양자로 입양한다는 것은 요즘 좀처럼 들을 수 없는 얘기이다. 어렸을 적에 집안 어른들이 시골 친척 집에서 누가 아들을 낳지 못해서 결국 조카를 양자로 들였다는 얘기를 하시는 것을 들은 적이 있는 것 같다. 하지만 그러고 나서는 수십 년 만에 듣는 얘기이다.

문제는 이런 얘기를 들을 때 필자를 포함해 상당수 사람들이 긍정적으로 생각하게 된다는 것이다. '다른 재벌 기업들이 경영권을 놓고 형제들끼리 그야말로 피의 싸움, 왕자의 난을 벌이는 것과 비교할 때 얼마나 우애 좋고 아름다운 일인가' 하는 감정이다. 롯데, 현대, 금호, 한진, 두산그룹 등과 비교해 보라.

그런데 4세 경영체제에 들어선 곳은 LG그룹뿐만이 아니다. 역시 장자승계를 중시하는 두산그룹은 이미 지난 2016년, 4세이자 역시 집안의 장자인 박정원 회장이 취임한 바 있다. 이러다가 5세, 6세 경영까지 가겠다는 기세인데, 한국은 자본주의의 새로운 역사를 창조해 가고 있다. 어떻게 이런 일이 일어날 수 있는지, 외국 사람들이 보면 매우 신기하다고 생각할 것이다.

한국거래소에 따르면, 공기업이 아닌 민간기업에서 출발한 기업 가운데 자산 상위 10대 그룹(공정거래위원회의 기업집단 지정 기준) 계열 상장사의 시총은 2017년 11월 기준으로 1,005조 2천억 원으로, 전체 시총(1,905조 2천억 원)의 52.8%를 차지했다. 그 전해에는 49.7% 수준이었다고 하니 대기업 의존도는 계속 높아지고 있는 셈이다. 여기에 속하는 기업집단은 삼성, 현대차, SK, LG, 현대중공업, 두산, GS, 롯데, 한화, 신세계 등인데, 이 가운데 최고책임자가 2세이건 3세이건 심지어는 4세이건 재벌 후손이 아닌 회사는 전무하다. 실질적으로 모든 거대 기업을 아직도 창업주의 자손이 운영하고 있다고 봐도 과언이 아니다. 전 세계적으로 이만한 규모와 역사를 가진 자본주의체제에서 4세까지 경영권이 내려가는 나라가 어디에 있는지 생각해 보면 경이로운 일이다. 좀더 수치적으로 세습 실태를 살펴보자.

기업 경영성과 평가 사이트인 CEO스코어에 따르면 국내 100대 그룹 총수 일가의 주식 자산은 총 152조 원에 이르는데, 이 가운데 30% 이상이 자녀 세대로 넘어갔다고 한다. 또한 자녀 세대로 주식 자산을 승계한 비율이 50%를 넘는 기업도 100곳 가운데 28곳이라고 한다.

이러다 보니 금수저를 입에 문 대기업 임원들이 엄청나게 늘어나고 있다. 기업정보 분석업체인 한국 CXO 연구소에 따르면,

2019년 1월 현재 국내 200대 주요 그룹 임원 가운데 총수 일가 출신으로 1970년 이후에 출생한 이가 무려 130명에 이른다고 한다. 이 가운데 벌써 회장 직함을 달고 그룹을 총괄하는 40대가 3명이다. 물론 회장 직함을 달지 않고 실질적으로 그룹을 총괄하는 재벌가 후손들은 더 많다.

40대 회장 3명은 구광모 LG그룹 회장, 정지선 현대백화점그룹 회장, 이인옥 조선내화 회장이다. 이 중 구광모 회장은 국내 10대 그룹 총수 가운데 최연소라는 기록을 세웠다. 부회장은 모두 9명으로, 정의선 현대차그룹 수석부회장, 김남정 동원그룹 부회장 등이 있다. 사장급 직함을 가진 오너가 출신은 모두 38명으로, 강호찬 넥센타이어 사장, 조원태 대한항공 사장, 박세창 아시아나 IDT 사장 등은 그룹 경영승계가 유력한 것으로 평가했다(그리고 2019년 5월, 조원태 사장은 조양호 회장 사망 후 예상대로 회장 자리에 올랐다).

이 가운데 나이가 가장 어린 사람은 한승우 BYC 이사로 27살이다. 여성 가운데는 사장급 2명이 눈에 띄는데, 이부진 호텔신라 사장, 정유경 신세계백화점 총괄사장이 그들이다. 출생연도별로 보면, 2019년 기준으로 42세가 되는 1977년생이 12명으로 가장 많았다. 이것은 무엇을 말하는가? 이 연구를 소개한 언론사는 이런 현상에 대해 다음과 같이 의미를 부여했다.

벌써 회장 직함을 달고 그룹을 총괄하고 있는 40대가 3명이었고 20대 임원도 현직에서 활동하고 있는 것으로 파악됐다. (130명의 임원 가운데) 여성은 20명에 불과해 여전히 경영승계가 남성 위주라는 지적이 나왔다. … 오일선 소장은 젊은 오너가 출신 임원들이 선대에서 이룩한 경영 업적을 뛰어넘으려면 시장의 변화를 빨리 읽을 수 있는 혜안과 실패를 두려워하지 않는 도전정신을 통해 새로운 사업 발전의 기회를 창출해 낼 수 있는 '차 차 차' 정신이 필요하다고 지적했다.

이 기사가 부여한 의미는 참으로 독특한 관점이다. 경영권 세습을 기존 질서로 받아들이면서 앞으로 이 질서 안에서 고쳐 나가야 할 부분을 제시하는 듯한 인상을 준다. 우선, 경영권 세습을 두고 남녀 차별이 있다고 분석한 것이다. 그렇다면 여성에게 더 경영권을 세습하면 바람직하다는 것인가. 언론사의 시각은 아니지만, 인터뷰를 통해 이렇게 경영권을 물려받은 '젊은이'들이 혜안과 도전정신을 가져야 한다고 주문한 것도 독특하다.

그런데 혜안을 누가 갖고 싶지 않아서 갖지 않겠는가? 그것은 능력이다. 그것도 엄청난 능력이다. 갖고 싶다고 해서 생기는 것이 아니란 말이다. 노력을 한다고 반드시 혜안이 생기는 것도 아니고, 더구나 창업자의 핏줄을 타고났다고 해서 생기는 것도 아니다. 도전정신 역시 마찬가지이다. 흔히 하는 얘기로, 최악의 상사는 머리가 나쁜데 열심히 일하는 상사라고 한다. '혜안' 없이 도전정신이 강한 대기업 총수를 생각해 보라. 회사 말아먹고 직원들 거리로 내몰기 십상이다. 혜안이 없다면 도전하지 않는 것이 차라리 낫다.

이 현상의 진정한 문제점은 대한민국 경제의 대부분을 담당하는 대기업에서 능력이 검증되지 않았음에도 아버지 혹은 할아버지를 잘 뒀다는 이유로 경영자 자리에 오르는 사람들이 위험할 정도로 많아졌다는 것이다. 한국 경제가 바야흐로 전 세계적으로 보기 드문 대규모 세습경영체제의 실험장이 된 것이다. 남녀 차별이나 그들이 앞으로 노력해도 갖출 수 있을지 없을지 모르는 자질을 논할 현상이 아니다. 한국 경제에 대한 경보를 울려야 할 때 엉뚱하게 세습에서 남녀 차별이 없어져야 한다는 지적으로 관점을 흐린 것이다.

우리나라에서는 이처럼 대기업 총수 자리가 일본에서 우동집 경영을 물려주듯 상속된다. 세습과 자본주의라는 상호배타적인 개념이 결합한 변종 생물이 한국의 기업생태계를 지배하고 있다. 문제는 본질적으로 경이로운 일이라도 빈번하게 일어나면 더 이상 경이롭게 느껴지지 않는다는 것이다. 문제의 심각성을 '실감'하지 못한다면 해결은 요원하다.

글로벌 경제의 외로운 섬, 한국

우리가 어떤 현상이나 사건을 분석할 때 흔히 하는 일이 있다. 다른 나라는 어떤지 살펴보는 것이다. 그렇다면 선진국의 기업들은 어떤가? 〈포춘Fortune〉지에서 매년 선정하는 500대 기업 중 상위 20개 기업을 살펴보자. 이 가운데 창업주의 후손들이 경영하는 회사는 과연 몇 개나 있을 것인가? 2016년 리스트는 다음과 같다(괄호 안은 시가 총액 — 백만 달러 기준).

1. 월마트Walmart (482, 130)

2. 중국국가전망공사State Grid (329, 601)

3. 중국석유천연가스공사China National Petroleum (299, 271)

4. 중국석유화학공사Sinopec Group (294, 344)

5. 로열 더치 셸Royal Dutch Shell (272, 156)

6. 엑슨 모빌Exxon Mobil (246, 204)

7. 폭스바겐Volkswagen (236, 600)

8. 토요타자동차Toyota Motors (236, 592)

9. 애플Apple (233, 715)

10. BP (225, 982)

11. 버크셔 해서웨이Berkshire Hathaway (210, 821)

12. 매케슨McKesson (192, 487)

13. 삼성전자Samsung Electronics (177, 440)

14. 글렌코어Glencore (170, 497)

15. 중국공상은행Industrial & Commercial Bank of China (167, 227)

16. 다임러 AGDaimler AG (165, 800)

17. 유나이티드헬스 그룹UnitedHealth Group (157, 107)

18. CVS 헬스CVS Health (153, 290)

19. 엑소르 그룹EXOR Group (152, 591)

20. 제너럴모터스General Motors (152, 356)

세계적인 기업들은 수많은 종업원들과 그들 가족의 생계, 나아가 국가경제의 중요한 부분을 책임지는 경영자로 어떤 사람을 기용하는가? 우선 1위에 오른 월마트의 CEO는 2019년 현재 더그 맥밀런Doug McMillon이다. 1966년생인 그는 한창 지도자로서 경륜과 에너지가 절정에 이른 나이다. 그의 경력에서 가장 인상적인 부분은 고등학교 때 아르바이트로 월마트에서 일하기 시작했고, 48세의 나이에 능력을 인정받아 230만 명의 직원을 이끄는 세계 최대 기업의 사장이 됐다는 점이다. 우리나라로 따지면 고등학교 때 이마트 카운터에서 일하기 시작한 청년이 신세계그룹의 최고의사결정자가 됐다는 얘기다. 흥미로운 점은 월마트 이사회 의장인 그레그 패너Greg Penner는 월마트 창업자인 샘 월튼Sam Walton의 손자사위라는 것이다. 즉, 창업자의 친인척은 최고

경영자가 잘하는지 감독하는 역할을 담당하는 것이다.

2~4위는 중국 국영기업들이고, 그 다음으로 5위에 오른 로열 더치 셸의 CEO는 벤 반 뷰어든Ben van Beurden이다. 그는 1983년에 입사한 이후 30년간 각종 사업, 특히 화학 부문 사업을 일으킨 공로를 인정받아서 CEO 자리에 올랐다고 한다. 그리고 11위에 오른 것이 살아 있는 투자의 전설, 워런 버핏이 창업한 버크셔 해서웨이다. 그동안 한 말로 미뤄 보건대, 버핏은 어떤 주식에 투자할 것인가 하는 결정을 자기 자손들에게 맡길 의사는 없는 것으로 보인다.

8위에 오른 토요타자동차. CEO의 이름이 단연 눈에 띈다. 토요타 아키오豊田章男, 그는 창업자의 증손자에 해당한다. 이 기업은 역대 CEO 명단에 토요타 가문의 자손들을 지속적으로 올려 왔다. 우리나라와 가장 비슷한 케이스라고 할 것이다. 그리고 12위에 오른 것이 삼성전자이다. 〈포춘〉지에 CEO로 등재된 사람은 전문경영인인데, 삼성전자에서 가장 영향력 있는 의사결정자가 이재용 부회장인지 아니면 공식적인 CEO인지의 판단은 독자들에게 맡긴다.

19위에 오른 엑소르 그룹은 한국과 정서적으로 가장 비슷한 유럽국가인 이탈리아의 한 지주회사로, 피아트, 크라이슬러 등 자동차 회사에 대한 지분을 가지고 있다. 이곳의 CEO 존 엘칸 John Elkann은 창업자 아넬리Agnelli 집안의 자손이다. 〈포춘〉 20대기업들 중에서 그나마 우리나라와 가장 비슷해 보여 살펴보니, Giovanni Agnelli & C. 라는 가족 회사가 51.87%라는 압도적인 지분을 갖고 있다고 한다. 누구를 CEO로 임명하건 전적으로 아넬리 집안 마음대로인 셈이다.

결국 세계적인 기업들 가운데 경영권이 세습되는 곳은 거의 없다는 결론이다. 토요타가 있기는 하지만, 이곳 역시 1990년대 이래 전문경영인이 CEO 역할을 하다가 최근(일시적으로 보인다) 미국에서 안전상 큰 문제를 일으킨 뒤 창업주 자손이 CEO 자리를 맡았다는 점에서 한국과는 경우가 다르다. 오히려 일본의 경우가 시사하는 바가 더욱 큰 것은 일본이야말로 가업이라는 개념이 전 세계에서 가장 강한 나라이기 때문이다. 일류대학을 나온 자식들도 고향으로 돌아와 아버지가 만들던 종이우산을 만드는 나라이다. 그런 나라에서조차 기업 경영권이 세습되지는 않는다는 것이다.

일본과 비교한다면, 우리나라에서는 가업으로 승계돼야 할 것은 승계되지 않고 승계돼서는 안 될 것은 세습되고 있다. 결국 한국은 산업화된 국가 중 세계적으로 유례를 찾아보기 힘든 세습 자본주의(이것을 자본주의라고 해야 하는지가 딜레마이다)를 하고 있다. 그런데, 정말 우리는 이렇게 해도 되는 것인가? 남들은 다 하지 않는 행동을 나만 하고 있다면 불안해야 되는 것 아닌가?

우리는 그토록
특수한 사람들인가

우리나라는 다른 나라와 상황이 다르기 때문에 반드시 그들을 따라할 필요는 없다는 반론도 있다. 지금 우리가 목격하고 있는 세습 자본주의가 우리의 특성에 맞고 그래서 유지할 필요가 있다는 것이다. 과거 기아자동차의 경우를 예로 들면서, 오너가 경영하지 않는 회사는 결국은 부패하기 마련이고 망할 수밖에 없다는 얘기도 한다. 이런 반론은 대기업 경영권 세습이 필요하다는 주장의 핵심과도 같다.

하지만 이 주장에 대한 상식적인 질문이 있다. 우리 민족은 정말로 다른 나라 사람들과 그토록 다른가? 세계 모든 선진 기업들이 당연히 하는 일을 해서는 안 될 만큼 우리는 특수한 상황에 있는가? 우리 세대는 이와 비슷한 논리를 학교에서 많이 들어서 알고 있다. 어렸을 때 독재정권 아래서 한국식 민주주의를 해야 할 필요가 있다고 배웠던 기억이다. 북한과 대치하는 상황이기 때문에 그렇다는 것이었다. 말이 좋아 '한국식'이지, 실질적으로는 독재에 대항하기 위해 또 다른 독재가 필요하다는 것이었다. 그것은 변화에 대한 사람들의 막연한 두려움을 이용하는 것이기도 했다.

궤변이다. 어떤 개념이 있을 때 그 개념과 근본적으로 대치되는 속성을 덧붙인 다음 그런 종류의 개념도 존재한다고 우기는 것이다. 독재 민주주의, 세습 자본주의, 세습 사회주의 등이 그러하다. 다이어트하는 폭식가, 못생긴 미인, 못사는 부국은 어떤가?

하지만 과연 '글로벌 빌리지' 시대에, 인터넷으로 전 세계 청소년들이 방탄소년단을 공유하고 한국에서는 외국인들이 매주 나오는 예능 프로그램이 인기를 끄는 이 시대에, 우리나라는 다른 나라와 무엇이 그토록 다르다는 것인지 이해가 가지 않는다. 우리 민족은 그렇게까지 독특한 사람들인가? 능력 있는 사람이 지도자가 돼야 그 조직이 잘된다는 평범하고 범용적인 진리가 무시돼야 할 만큼 독특한 나라는 독특한 것이 아니라 이상한 나라일 것이다. 그것은 우리 민족에 대한 욕이나 다름없다. 우리는 제대로 된 시장경제를 할 만한 역량이 안 된다는 말과 무엇이 다르다는 것인가?

그렇다면 언제까지
이렇게 가야 하는가

문제는 충분히 유능하지 않은 사람이 대기업을 책임지는 사람이 되고, 특출한 재능을 지닌 사람이 창업자의 핏줄이 아니라는 이유로 대표이사가 못 되는 것에서 그치지 않는다. 한국의 재벌들

166

은 시가총액이 워낙 크고 지분도 널리 분산돼 있다 보니 합법적으로 상속을 한다는 게 불가능에 가깝다. 합법을 가장한, 불법임을 입증하기 어려운 교묘한 방법으로 경영권 상속이 이뤄져야 한다. 그러기 위해서 아주 다양한 방법들이 동원된다. 어떻게든 재벌 2, 3세가 가진 주식 가치는 과대평가하고 그들이 인수해야 할 주식 가치는 과소평가하기 위해 주식 가치에 장난을 치는 것이다. 이런 과정은 대부분 그룹이 미래성장을 위해 사업 부문을 조정한다는 '전략'으로 포장된다.

국민연금을 둘러싼 삼성그룹의 스캔들은 구조상 일어날 수밖에 없던 일이다. 게다가 주식 가치 평가에 주관적 요소가 들어가다 보니 얼마든지 다른 주주들에게 부당하게 손해를 끼치고도 법적으로는 빠져나갈 수 있다. 상식적으로 보면 분명히 냄새가 나는데 딱히 그것이 불법이라고 입증하기도 힘들다. 그들도 다 법률적으로 자문을 받아 보고 이른바 전문가들의 머리를 빌려서 하는 일이기 때문이다. 게다가 '대마불사'라는 현실적인 이유가 대두되고, 이를 되돌릴 경우 주식 투자자들이 봐야 하는 손해와 국가적 손실이 지적된다. 잘못을 인정하면 그 과정에서 손해를 본 외국 투자자들에게 배상을 해야 하는 국익적 문제가 생기는 것이다. 결국 이번에는 그냥 넘어가자는 생각으로, 체념으로 대중의 분노는 점차 사그라든다.

비상장 주식이 동원되는 것도 기본이다. 삼성그룹의 상속 과정에서 처음 대중에게 조명되기 시작한 이 방법은 편법상속의 기본이다. 터무니없이 저평가된 비상장 주식을 증여해 종잣돈을 마련해 준다. 증여받은 재벌 후손은 비상장 주식이 워낙 싸서 증여세를 적게 내도 된다. 주식만으로 부족하면 회사의 영업을 활용하면 된다. 재벌 후손이 가진 비상장 회사에 일감을 몰아줘서 그 회사를 키우고 주식 가치를 높인 뒤 상장해서 돈을 마련하고, 이를 나중에 그룹 경영권을 사들이는 데 사용하는 것이다. 이 역시 부당 지원임을 입증하기가 쉽지 않으며, 적발된다 하더라도 행정소송을 통해 벌금 액수를 줄일 수 있다.

심지어 주식시장에 참여하는 투자자들은 앞으로 일어날 일감 몰아주기를 예상하고 혜택을 받을 회사의 주식을 사들인다. 편법을 인정하고 이를 바탕으로 투자 전략을 짜는 것이다! 하지만 딱히 법적으로 입증을 못 하는 경우가 대부분이다. 문재인 정부 들어서 공정거래위원회를 통해 이런 일들에 대한 감시가 강해지고 있다. 하지만 이것은 매우 불안한 일이다. 제도와 관행이 바뀌지 않는 한, 정권과 사람이 바뀌면 이는 지나가는 일이 될 수 있다. 이른바 적폐청산을 한다면서 적폐행위만 적발하고 적폐를 가능하게 한 제도는 개혁하지 않는다면 국민에게 심리적 피로만 줄 것이다. 정치보복이나 기득권층에 대한 위협으로 받아들여질 수 있다.

그리고 이 모든 과정에서 상속세를 적게 내는 것은 기본이다.

그러다 보니 선진국의 부자들은 세금은 물론이고 내지 않아도 되는 돈까지 기부하면서 사회에 환원하는데, 우리 대기업의 이른바 오너들은 사회에 내야 할 돈도 제대로 안 내고 다른 주주들에게 돌아가야 할 부까지 모두 가져가는 처참한 일들이 벌어지고 있다. 한마디로 쌈마이(3류) 자본주의라고 해도 무엇이라 항변할 것인가?

이런 모든 것을 지켜봐야 하는 국민들의 입장에서는 합법이라고 주장하는 재벌가의 주장에 흙수저니 금수저니 하는 자괴감과 무기력감만 깊어 간다. 이렇게 사회 전체가 자괴감을 느끼더라도 그들이 경영자가 돼서 돈을 많이 벌고, 수출을 많이 하고, 그래서 종업원을 많이 고용하면 그나마 보람이 있을 것이다. 도덕적 낙후를 눈감아 준 대가라도 있다면 말이다. 하지만 그렇지 않다는 데 문제가 있다!

필자가 어렸을 때 가장 인기 있는 스포츠는 단연 김일 선수가 나오는 프로 레슬링이었다. 거기서 나오는 가장 멋진 기술 가운데 하나가 코브라 트위스트였다. 온몸을 이용해 마치 아나콘다처럼 상대의 상·하체를 S자로 감아 버리고 피를 통하지 않게 해서 항복을 받아 내는 기술이다. 서로 짜지 않고는 도저히 그렇게 복잡한 기술을 할 수 없다는 것이 나중에는 명백해졌지만, 보기는 아주 멋진 기술이었다. 비현실적인 기술이라, 실제로 이걸로 상대를 제압한다는 것은 일어날 수 없는 일이다. 하지만 한국의 대기업은 이런 비현실적인 코브라 트위스트에 걸려 있다. 세습 경영이라는 이 시대에 존재할 것 같지 않은 관습에 우리는 속수무책으로 걸려 있다. 경제에는 피가 통하지 않고, 무기력한 패배감은 온몸에 퍼져 간다.

여기서 필연적으로 던질 수밖에 없는 질문이 있다. 도대체 언제까지 이렇게 가야 하는 것인가? 3세는 4세를 낳고 4세는 5세를 낳을 것이다. 한국의 자본주의, 시장경제는 과연 5세가 지배하는 기형적이고, 심하게 얘기해서 변태적인 대기업체제 속에 번영할 수 있을 것인가? 이미 3세, 4세 체제하에서 한국 기업의 체력은 바닥을 드러내면서 가쁜 숨을 내뱉고 있다. 한국 사회는 과연 언제까지 재벌의 편법적인 상속을 집단적으로 묵인하면서 법치와 시장경제라는 대원칙에 눈을 감을 것인가? 언제까지 국민의 이익을 희생하면서 생기가 빠져나가는 한국 경제를 지켜봐야 하는 것인가? 그것이 지속가능한 민주적 시장경제 국가인가?

한국 대기업 경영의 패러다임을 바꾸는 문제를 고민해야 할 시점이다. 그러지 않는다면, 너무나도 명백한 세계적 흐름을 무시하고 갈라파고스 같은 세습체제를 유지한다면 발전을 기대할 수 없다. 지금과 같이 소모적이고 끝을 알 수 없는 경제에 대한 불안과 체념만이 돌아올 것이다.

막장 자본주의: 세습의 부작용

> 통계적으로 볼 때 내 자식들은 (성공할) 가능성이 낮다. 성공한 사
> 람들의 자녀들은 일반적으로 심리가 불안정하고 성공적이지 않다.
> 그들에게는 적합한 자질이 없다(Statistically, my children have a
> very bad shot. Children of successful people are generally
> very, very troubled, not successful. They don't have the right
> shtick).
> — 도널드 트럼프

그렇다면 세습의 부작용은 무엇인가? 왜 재벌의 후손들은 최고
경영자가 돼서는 안 되는가? 생각해 보면 회사를 자기 소유로 여
긴다는 것에 꼭 부작용만 있는 것은 아니다. 자기 회사로 생각하
면 그만큼 열과 성을 다할 것이고, 임직원들에게 생길 수 있는
도덕적 해이를 견제하는 강력한 장치가 될 수 있다.

실제로 이는 우리나라의 재벌 세습체제를 옹호하는 가장 큰
논리로 내세워진다. 전문경영인이 대세를 이룬 미국에서 떠오르
는 가장 큰 문제 가운데 하나가 대리인 비용agency cost이다. 경영
자들이 주주의 이익보다는 자기의 이익과 권력을 키우기 위해 경
영행위를 하고 지나치게 많은 보수를 받아 간다는 것이다. 하지
만 이런 반론이 사치스럽게 보이는 일들이 한국에서는 너무나도
많이 벌어지고 있지 않은가? 우선 경영자들의 인성 문제이다.

폭력의 역사

이 책을 쓰기 위해 재벌 2, 3세들이 물의를 일으킨 사례를 찾아봤다. 그런데 생각했던 것보다 너무 많은 점에 놀랄 수밖에 없었다. 그리고 이 책을 쓰는 중에도 계속해서 비슷한 일이 일어나, 목록을 계속 업데이트해야 하는 사태(?)가 벌어지고 있다. 한 신문은 이를 가리켜 '폭력의 역사'라고 했는데, 정말 역사라고 해도 될 정도로 사례가 풍부(?)하다.

1994년 신준호 롯데그룹 부회장의 아들 신동학 씨, '건방지게 프라이드' 폭행.

2005년 조양호 전 한진그룹 회장의 아들 조원태 씨, 운전 중 할머니 폭행 혐의로 입건.

2007년 김승연 한화그룹 회장, 아들 보복 폭행 사건.

2010년 SK가 최철원 씨, 매값 폭행 사건.

2014년 조양호 전 한진그룹 회장의 딸 조현아 씨, 땅콩 회항 사건.

2016년 장세주 동국제강 회장의 아들 장선익 씨, 술값 시비로 인한 난동 혐의로 조사.

현대가 3세 정일선 씨, 운전기사 갑질 폭행 논란.

이준용 대림산업 명예회장의 아들 이해욱 씨, 운전기

사 갑질 폭행 논란.

2017년 김승연 한화그룹 회장의 아들 김동선 씨, 술집 종업원
폭행 사건.

김승연 한화그룹 회장의 아들 김동선 씨, 집행유예 상
태에서 변호사 폭행 사건.

2018년 조양호 전 한진그룹 회장의 딸 조현민 씨, 광고대행사
직원 폭언 및 폭행 논란.

문제는 경찰에 적발되고 사건화된 것만 이 정도라는 것이다.
실제로는 몇 배는 더 될 것이다. 수많은 사건의 피해자들이 문제
삼기 귀찮아서, 자신이 더 피해를 볼 것 같아서, 돈을 받고 합의
를 해서 등의 이유로 공개적으로 문제 삼지 않았을 것이다. 그렇
다면 정말 얼마나 많은 재벌 후손에 의한 형사 사건들이 있을까?
경이로운 일이다. 앞에서 소개한 트럼프의 말이 맞다는 생각이
든다. 왜 이럴까?

이런 일들은 물론 우연히 일어나는 것은 아니다. 이렇게 자주
일어난다면 거기에는 구조적 문제가 작용한다고 봐야 한다. 그
들의 공통적인 성장환경에서 비롯된 문제라고 보는 것이 상식적
일 것이다. 그들 가운데 상당수가 '나는 사람을 패도 되고, 막 대
해도 괜찮다. 법을 어겨도 된다'는 특권의식을 갖고 있다고 해도
과한 말은 아닐 것이다.

하지만 사회적인 관점에서 보다 중요한 것은 이들의 가정환경이나 심리적 상태가 아니다. 우리는 이런 현상들을 일종의 경고음으로 받아들여야 한다. 자동차가 갑자기 멈춰 서지는 않는다. 그전에 계기판을 주의 깊게 살펴보면 이상증세를 찾아 낼 수 있다. 앞으로 대한민국의 기업을 이끌고 갈 사람들이 이토록 형사 사건에 많이 연루되는 것은 일종의 경고음이다. 이런 사람들이 경영권을 세습하는 일이 계속된다면 한국 경제라는 자동차는 대형 사고를 내고 승객들의 목숨을 앗아간 뒤 멈춰 설지도 모른다. 이들 가운데 일부는 더욱 큰 사고를 칠 것이 뻔하다.

이건 그냥 상식적인 일 아닌가? 젊었을 때 술 먹고 주먹 휘두르고 갑질 하던 친구들이 나이가 들어 갑자기 철이 들고 훌륭한 경영자가 될 수 없다는 것이 아니다. 그럴 확률이 상대적으로 매우 낮다는 것이다. 물론 인품이 나쁘다고 훌륭한 경영자가 될 수 없느냐는 반론이 있을 수 있다. 그렇게 될 수도 있지만, 그런 사람들은 대부분 엄청나게 능력이 탁월한 경우이다. 결국 우리는 문제를 가진 미래의 대기업 경영자들이 나이가 먹어서는 인간이 되는 것은 물론이고 훌륭한 경영자가 되는 아주 드문 케이스 중 하나이길, 즉 요행을 바라는 수밖에 없다.

과연 이들은 이런 성품을 갖고 정상적으로 기업을 이끌 수 있을 것인가? 물론 재벌가 자손이라고 해서 반듯한 사람이 없기야 하겠는가만, 왕자처럼 자라서인지 거침없고 안하무인으로 행동하는 이들이 많은 것을 부인할 수는 없을 것이다. 드라마와 현실은 다르다. 드라마에 나오는 남자 주인공처럼 잘생기고 똑똑하고 차도남이기는 하지만 외롭게 자란 어린 시절 때문에 그렇지 속마음은 따뜻한, 그런 재벌 후손은 그리 많지 않은 듯하다.

과문한 탓인지는 몰라도 경영자로서 필요한 자질에 충동적이고 폭력적인 성향이 있다는 이야기는 들어 본 적이 없다. 그런 사람들은 사고를 친다. 형사사건뿐 아니라 경영상의 의사결정에서도 사고를 친다. 다른 사람을 잘 때린다고 해서 훌륭한 경영자가 되지 못한다는 법이 있냐는 반론이 있을 수 있다. 대답은 '훌륭한 경영자가 못 된다'이다.

파일노리의 경영자라고 알려진 양진호 씨는 직원을 그토록 무자비하게 폭행했지만 능력은 있어서 회사를 키웠다고 한다. 사람을 때리고 특권의식을 갖는 것이 재벌 후손들만의 문제도 아니다. 과거에 많은 창업자들도 폭력적이고 안하무인 심성을 가졌지만 뛰어난 경영 수완을 발휘한 경우가 많았을 것이다. 하지만 창업자이건 2, 3, 4세로서 경영권을 이어받았건 폭력, 특권의식은 경영자로서 결정적인 결함이다.

사실 성공한 사람 가운데 성격도 좋은 사람이 얼마나 되겠는가? 인간 심리의 신비로운 면은 못된 면과 승부욕, 성취욕이 비례하는 경우가 많다는 데 있다. 하지만 성취욕과 능력이 좋은 것과 남에 대해 정신적, 육체적으로 폭력적인 것은 차이가 있다.

특히 예전에는 이런 사람들이 리더로서 성공하고 그 자리를 유지할 수 있었는지 몰라도 요즘은 아니다. 요즘은 어디선가 늘, 누군가가 녹음을 하거나 녹화를 하고 있다 해도 과언이 아니다. 그리고 그렇게 기록에 남겨진 일은 SNS를 통해 순식간에 세계로 퍼져 나간다. 그런 일을 당하고 그냥 넘기는 직원들, 특히 일반인은 없다.

그런 일이 아니라도 요즘 세계적인 기업을 키워 낸 경영자들은 대부분 성품도 좋은 것으로 알려져 있다. 그런 리더들이 직원들로부터 존경을 받는다. 스타벅스나 마이크로소프트, 페이스북 등 기업에서 그런 추세를 발견할 수 있다. 대중은 물론 직원들과 소통하는 경영자들이 성공한다. 그들은 이런 존경심을 바탕으로 다음 대선 주자로 거론되기까지 한다. 그럴 수밖에 없다. 이제 대기업의 지도자는 경영능력이 뛰어난 것은 물론이고 인격적으로도 웬만큼은 돼야 하는 시대이다. 워낙 SNS가 발달하다 보니 기업이 클수록 그 지도자는 모든 행동이 드러나고, 실수나 악행은 확대되게 돼 있다. 예전에는 그냥 넘어갈 수 있었던 일도 대중에게 알려지고, 그것은 곧바로 대중의 분노를 사고, 결국 회사에 악영향을 미치는 오너 리스크로 연결된다.

실제로 최근 우리나라에서는 경영자들의 난폭한 인성으로 인해 회사가 타격을 입는 사례들을 많이 접하게 된다. 가장 대표적인 사례는 아마도 정우현 '미스터피자' 회장 사건일 것이다. 정우

현 회장은 2016년 어느 날 전까지만 해도 한국 요식업계의 전설적 인물이었다. 1990년 이화여대 앞에서 피자 가게를 시작한 그는 20년도 지나지 않아 해외 유명 브랜드를 제치고 피자업계 1위에 오르는 기염을 토한다. 미스터피자는 본래 제일교포 2세가 세운 일본 회사였지만, 한국 지사가 역으로 일본 본사를 사들이기까지 했다. 그의 뛰어난 경영 수완과 일에 대한 열정에 힘입은 바였다.

하지만 2016년 그가 경비원 폭행 사건에 휘말리면서 개인은 물론 회사 전체의 운명이 바뀌고 만다. 정 회장이 건물 정문이 닫힌 것을 보고, 자신이 퇴근하지 않았는데 왜 문을 잠갔느냐며 시비하는 과정에서 경비원을 폭행한 것이다. 처음에 밀치는 정도였다고 주장했지만 CCTV로 인해 거짓임이 드러났고, 그의 이런 행동은 대중의 엄청난 분노를 일으켰다. 뒤늦게 공개적으로 사과하고 나섰지만 미스터피자의 브랜드 이미지는 돌이킬 수 없는 타격을 입은 뒤였다. 심지어 불매 움직임까지 일면서 가뜩이나 고전하던 영업은 더욱 악화됐다. 기업 이미지 실추로 2016년 971억 원이었던 매출은 2017년에는 815억 원으로 줄었고, 같은 기간 영업손실은 89억 원에서 110억 원으로 늘었다.

한번 손상된 이미지는 또 다른 폭로와 조사로 이어졌다. 이번에는 단순한(?) 형사적 갑질이 아니라 사업적 갑질에 대한 논란이었다. 가맹주들이 부당한 광고비에 대해 항의하자 가맹점 계약 해지를 집행했고, 치즈를 가맹점에 공급하는 과정에서 친인척이 관여한 업체를 중간에 끼워 팔았다는 의혹, 광고비의 90% 이상을 가맹주들이 부담하게 했다는 의혹, 미스터피자에서 탈퇴한 점주의 가게 근처에 직영점을 내서 보복 영업을 했다는 의혹이 제기됐다. 심지어 탈퇴한 가맹주가 목숨을 끊는 일까지 일어나면서 사태는 걷잡을 수 없이 확대됐다.

공정거래위원회, 검찰이 조사에 나섰고, 정우현 회장은 150억 원대의 횡령과 배임 혐의로 구속된 뒤 유죄판결까지 받는다. 그리고 2018년 12월 한국거래소는 미스터피자를 운영하는 MP 그룹의 상장폐지를 의결하고 만다. 다급해진 정 회장 일가가 경영포기를 약속하기에 이르렀고, 상장폐지는 유예되었다. 이 과정에서 정 회장 일가가 신체적, 재산적, 정신적으로 손실을 입은 것은 물론이다. 하지만 미스터피자에서 근무하던 직원들과 가맹점 점주들은 무슨 죄인가?

경영자의 인성이 회사 실적에 중요하지 않다고 할 수 없을 것이다. 경비원에 대한 폭행은 개인적인 일이라 치자. 하지만 앞서 얘기했듯이, 인간관계에서 나타나는 인성은 사업을 할 때도 발현되기 마련이다. 실제로 인성이 바른 경영자라면 가맹점들과의 거래관계에서 그토록 심한 갑질을 했겠는가? 경비원을 폭행할 때 나온 인성이 사업에서도 드러났다고 생각할 수밖에 없다.

최호식 '호식이두마리치킨' 회장 사건 역시 경영자의 개인적인 행동이 회사 경영에 악영향을 끼친 사례이다. 60대인 그는 2017년 서울 강남의 한 호텔 식당에서 20살 여직원을 성추행한 혐의로 기소돼 징역 1년 6개월을 구형받는다. 1심에서 그는 죄가 인정돼 징역 1년에 집행유예 2년을 선고받는다. 당시 여직원이 로비로 뛰어나와 도움을 요청하는 장면이 CCTV에 담긴 것이 발단이었다. 소비자들의 항의가 빗발쳤고 가맹점 매출은 급감했다.

창업자는 아니지만 조양호 전 한진그룹 회장 부부와 딸들의 고구마 줄기 같은 갑질 의혹이 대한항공의 이미지에 어떤 영향을 미쳤을지는 쉽게 짐작이 간다. 국적 항공사 시장이 실질적으로 독과점 체제인 데다 경쟁사인 아시아나항공도 성희롱과 기내식 선정 갑질 파문을 일으켰기에 망정이지, 그렇지 않았다면 기업이 입은 피해는 더욱 심각했을 것이다.

이렇게 대기업 경영자가 사고를 칠 경우, 대중에게 알려질 확률은 과거보다 매우 높아졌다. 누군가가 찍은 사진이나 동영상이 SNS에 증거로 남기 때문이다. 그들의 행동은 기업 실적에도 영향을 미친다. 이렇게 구구절절 설명하지 않더라도, 사람을 폭행하는 심성으로 훌륭하게 기업을 경영하길 기대한다는 것은 물론 상식적이지도 않고 심지어 바보스러운 일이다.

현대사회에서 훌륭한 경영자가 되려면 정치적으로 올바른 사고political awareness가 반드시 필요하다. 문제는 대기업 창업자와 그 일가가 폭력 사건에 이토록 많이 연루되는 나라는 전 세계적으로 대한민국밖에 없는 것 같다는 데 있다. 그들의 의식에는 어떤 문제가 있는 것일까? 재벌 후손이 일으킨 사건들 대부분의 공통점은 이들이 어떤 특권 의식을 갖고 있고, 그것을 건드렸을 때 폭행이 유발됐다는 것이다. 사건이 드러나면 공식적인 사과를 하고 해당 그룹 홍보실이 바쁘게 뛰면 되고, 결국 조금 잠잠해지면 다시 경영일선으로 복귀한다는 것도 공통적이다.

광고에 목을 매는 언론사들 역시 여론이 악화되면 비판적인 기사를 쓰지만, 광고비를 집행할 권한을 가진 사람을 지속적으로 비판한다는 것은 한국 같은 약탈적 언론 지형에서 매우 어려운 일이다. 오히려 재벌 후손들이 사고를 치는 것은 그들에게 반가운 일인지도 모른다. 그들에 대한 비판기사를 쓰거나 쓰지 않는 것 모두 광고를 집행하는 기업들과의 역학관계에서 언론사들에게 매우 유리한 요소로 작용한다.

다른 사람을 폭행하고 자신이 초법적인 존재인 듯 착각하는 성향이 경영자로서는 부적합하다는 것은 두말할 나위가 없겠다. 비극적인 사실은 우리나라 경제계의 미래가 이런 사람들에게 달려 있다는 것이다. 하지만 자질 부족을 드러낸 그들을 경영에서 제외시키는 경우는 극히 드물다. 태종이 큰아들 대신 왕재가 있는 세종을 택한 것처럼 결단을 내리는 대기업 총수조차도 찾아보기 힘들다.

생각해 보면 자신이 이루지 않고 물려받은 것에 대해 특권의식을 갖는다는 게 얼마나 위험하며 가소로운 일인가? 그런 사고를 치는 사람들의 인품이 그 지경인 것은 그들과 부대끼며 사는 주변 사람들이 지고 가야 할 개인적인 짐이라고 하지만, 그 기업에서 생업을 이어 가는 사람들과 투자자들, 나아가서 국민들까지 이런 사람들에게 의존해야 한다는 것은 우리에게는 비극이고 외국 사람들에게는 희극이다. 비극은 비극인데 슬프기보다는 화가 나는 비극이다.

그런데 사실 이런 얘기들은 한국 사회에서 슬프게도 생소하고 사치스럽기까지 한 개념들이다. 인격적으로 존경받을 수 있는 지도자! 좋은 얘기이긴 한데, 그런 사람을 본 적이 드문 척박한 환경에서 살아온 한국인들에게는 그것이 필요하다는 것조차 설득이 필요한지 모른다. 민족의 스승을 찾으려면 몇백 년 전으로 거슬러 올라가 이순신 장군을 만나야 한다.

이른바 지도층이 되면 자신과 가족의 이익을 챙기는 데 급급한 사회 현실 속에서 왜 기업 경영자들에게만 이런 덕목을 요구하느냐는 뺄셈식 반론이 있을 수 있다. 하지만 경영자의 윤리적 결함은 시장경제에서 완전경쟁을 해치는 교란 요인이다. 자신을 위해서 일한다는 이유로, 자신보다 가난하다는 이유로, 직원들을 신하나 하인 정도로 알고 폭력을 행사하는 사람들은 지능이나 지혜 면에서 평균 이하이다.

트럼프의 말대로 성공한 사람들의 자녀들이 성격적으로 문제가 더 많은지에 대한 실증적 데이터가 존재하는지는 모른다. 아마도 없을 것이다. 하지만 가능성이 있어 보인다. 심지어는 유명한 목사의 아들조차 사생활 문제로 스캔들을 일으키는 것을 보면 그럴 법하다는 생각도 든다. 물론 유명한 집안이기 때문에 잘못을 저질렀을 때 더 언론에 부각되는 것이고, 그래서 그런 일들이 더 많이 일어나는 듯한 착시현상을 준다고 할 수도 있을 것이다. 무엇보다 성격적 결함이 있다는 것을 어떻게 입증한다는 말인가?

하지만 왜 '성공'한 트럼프가 그런 말을 했는지 유추해 보기는 어렵지 않다. 자신의 성장 과정에서 나름대로 느낀 점이 있는지도 모른다. 그의 아버지 역시 상당히 성공한 부동산 사업가였다. 어찌 보면 그답지 않은, 자신에 대한 냉철한 통찰을 엿볼 수 있는 부분이다. 어쩌면 자신에게 성격적 결함이 있다는 것을 인정하는 것인지도 모른다. 성공한 사람들의 특징 가운데 가장 큰 요소는 일에 엄청난 시간과 노력을 투자한다는 것이다. 그러다 보면 가정과 자녀들에게 사랑과 관심을 주기가 어려워질 수 있다는 것은 상식적으로 상상이 가는 부분이다. 성공의 대가인지도 모른다. 우리나라도 역대 대통령들이 아들 문제로 골치를 앓았고, 앞서 얘기한 대로 재벌가의 후손들이 사회적 문제, 그것도 경영과 관련된 화이트칼라 범죄가 아닌 폭행과 관련된 형사사건으로 문제를 일으키는 것은 이런 배경과 관련이 있을지 모른다.

특히 재벌 가문의 경우 가정사가 복잡한 경우가 많다는 것은 널리 알려진 사실이다. 재벌 총수에게 여러 명의 여인이 있는 것은 대부분 당연한 일로 여겨진다. 보통 사람이 그러면 그는 난봉 꾼이 된다. 아버지에게 한 명의 여인이 아니라 많은 여인이 있는 환경에서 자라면서 정상적인 인성을 형성하기가 어렵다는 것은 쉽게 상상이 가는 부분이다.

어렸을 때부터 자기보다 나이가 많은 사람들로부터 떠받듦을 받고 자라면서 그릇된 특권의식이 자리 잡았을 가능성도 있다. 이 책은 재벌가의 후손을 인격적으로 매도하기 위한 것은 아니 다. 그들이 인격적으로 문제가 있다고 단정하는 것도 아니며 예 외는 있을 수 있다. 하지만 모든 사회적 현상에 있어서, 트럼프 가 그의 말에서 전제했듯이, '가능성', '확률'은 매우 중요한 문제 이다. 좋은 결과가 일어날 확률이 높은 방안을 선택하는 것은 사 회적으로 아무리 강조해도 지나치지 않다. 프로야구 구단이 타 율이나 출루율이 높은 선수에게 더 많은 돈을 주는 것은 그 선수 가 앞으로 잘할 것이라는 미래에 대한 확신이 있어서가 아니라, 그 선수가 미래에도 좋은 성적을 낼 확률이 타율이나 출루율이 낮은 선수보다는 높기 때문이다.

폭력 그 이상

그러면 여기서 이들보다 한국 경제에서 훨씬 더 중요한 위치를 차지하는 이들의 아버지, 그룹 총수들은 어떤가 살펴보자. 여기서부터는 단순한 폭력, 형법이 아니라 〈특정경제범죄 가중처벌 등에 관한 법률〉의 차원으로 올라간다.

10대 그룹이 우리 경제에서 갖는 비중은 두말할 나위가 없다. 사실은 10대 '그룹'을 살펴볼 필요도 없다. 10대 '기업'의 매출만 봐도 우리나라 경제가 얼마나 대기업들에 의존하는지 잘 알 수 있다. 기업 경영평가 사이트 CEO스코어에 따르면 이들은 대한민국을 먹여 살린다. 우리나라 매출 상위 10대 기업의 매출액 합계는 2017년 기준 국내 총생산의 44%가 넘는다고 한다. 이런 비율은 점점 오르는 추세라고 하니, OECD 국가에서 이런 추세가 일어난다는 것이 비현실적으로 느껴지기도 한다. 여기서 그치지 않고 삼성전자와 현대자동차 두 회사의 매출액을 합치면 국내총생산의 5분의 1이 넘는다고 한다.

참고로 미국은 10대 기업의 매출액 합이 국내총생산의 12% 정도이고, 일본은 25% 정도여서 미국보다는 높지만 한국에는 훨씬 못 미친다. 대기업의 성과는 우리나라 경제의 성과라 해도 지나치지 않은 이유가 여기에 있다. 경제를 살리려면 경제부총리나 한국은행 총재, 심지어는 대통령이 중요한 게 아니다. 대기업 총수가 누구이냐가 중요하다! 비꼬자고 얘기하는 것이 아니라, 한국 경제에서 가장 중요한 이슈 가운데 하나는 현대차그룹을 이어받게 될 정의선 씨와 삼성그룹을 승계하게 될 이재용 씨가 얼마나 경영자적 역량을 갖고 있느냐의 문제일 것이다. 이들이 훌륭한 경영을 못 하면 우리나라 경제는 정말 곤란해진다.

CEO스코어에 따르면, 2017년 말 현재 공정거래위원회가 자산 기준으로 꼽은 10대 그룹은 삼성, 현대자동차, SK, LG, 롯데, 포스코, GS, 한화, 현대중공업, 농협이다. 이 가운데 포스코와 농협은 이른바 오너가 없는 기업이니 논외로 하면, 나머지 8개 그룹 총수들은 별다른 물의를 일으키는 일이 없이 정상적인 경영인으로서 활동하고 있는가? 유감스럽게도 대답은 '노'다.

우선 부동의 1위인 삼성을 보자. 이건희 회장, 그는 병석에 누워 있지만 끊임없이 뉴스의 중심에 오른다. 뉴스의 상당 부분은 그가 범죄에 관련돼 있다는 의혹이다. 그는 2018년 3월 현재 숨겨 놓은 차명계좌로 다시 구설수에 오르고 있다. 2008년 삼성 비자금 특검 당시 이미 밝혀진 1,199개의 차명계좌(약 4조 4천억 원)에 최근 발견한 4천억 원대를 포함하면 그의 차명계좌는 5조 원 대에 달할 것으로 보인다.

그뿐이 아니다. 대형 비리 사건을 추적하다 보면 삼성 오너 일가가 물주 역할을 했다는 의혹 혹은 사실이 드러나는 것은 거의 불가피한 일이 됐다. 이건희 회장의 처남인 홍석현 회장이 세운

JTBC가 특종 보도한 최순실 비선 사건은 얄궂게도 보도 이후 이어진 탄핵과 수사 과정에서 이재용 부회장이 연관돼 있다는 결과로 이어진다. JTBC가 발사한 총알이 유탄이 돼서 이재용 부회장에게 날아간 형국이다. 이어 벌어진 이명박 전 대통령에 대한 수사에서도 아버지 이건희 회장의 연루 의혹이 다시 드러난다.

이명박 전 대통령이 실소유주라는 의심을 받고 있던 다스에 대한 수사 과정에서 삼성이 다스의 소송비용 40억 원을 대납했다는 사실이 드러났는데, 이 돈을 마련한 것으로 알려진 이학수 전 부회장이 이건희 회장의 승인을 받고 돈을 지불했다고 진술한 것이다. 소송비용을 대납한 뒤에 이건희 회장은 사면된다. 물론 이건희, 이재용 부자가 연관됐거나 연루됐다는 의혹을 받는 사건은 이 책의 한 장章을 다 할애해도 될 만큼 많다.

2위인 현대자동차의 정몽구 회장은 이미 1970년대에 현대아파트 특혜분양 사건으로 구속돼 수감생활을 한 것으로 대중의 주목을 받기 시작한다. 이후 그룹의 후계상속 과정에서 이른바 왕자의 난의 주인공으로 나라를 떠들썩하게 하면서 최고경영자가 됐고, 2006년에는 비자금 사건으로 유죄판결을 받았다. 하지만 이 정도(?)로는 현대차그룹의 규모를 고려해 볼 때 범죄 관련 사건이 많다고 할 수 없을 정도이다.

문제는 현대자동차가 이명박 전 대통령이 실소유주인 것으로 의심을 사는 다스로부터 납품을 받는다는 것이다. 이명박 시장

시절인 2004년 서울시는 도시계획 규정을 바꿔 현대차 양재동 사옥을 증축할 수 있도록 해줬고, 현대차에 자동차 시트를 납품하는 '다스'의 연 매출액은 2004년 2,200억 원대에서 3년 뒤인 2007년에 2배 가까이 뛴 데 이어, 2013년에는 1조 원을 넘었다.

'우연의 일치'는 여기서 그치지 않는다. 다스를 도와줄 수 있는 정몽구 회장은 비자금 조성과 횡령 사건으로 징역 3년, 집행유예 5년을 선고받지만, 이명박 전 대통령은 취임 첫해인 2008년 8월 15일 정 회장을 특별 사면한다. 이것이 모두 우연의 일치라면 할 말은 없다. 현대가의 이런 의혹들은 이재용 부회장 건이 워낙 관심을 독차지(?) 하는 바람에 묻힌 감마저 있다.

이런 일들이 일어났을 때 해당 재벌들이 으레 내세우는 해명은 모든 것들이 정황적인 것일 뿐, 관행 또는 우연의 일치이며, 무엇보다 합법적인 것이었다는 설명이다. 우리는 막장드라마를 보면서 왜 세상에 기억상실증 걸린 사람이 그토록 많으며, 우연의 일치는 그토록 많은가 혀를 찬다. 우리나라의 재벌과 관련된 의혹과 막장드라마 사이에는 음모와 배신 말고 또 다른 공통점이 있다. 둘 다 우연의 일치가 많다는 것이다.

이번에는 3위 SK를 살펴보자. 최태원 SK그룹 회장 역시 범죄로 법의 심판을 받는 것을 피해 갈 수는 없었다. 혼외관계로 인한 사생활로도 구설수에 올랐지만, 그것은 간통죄가 폐지돼 '현재의' 법과는 상관이 없는 것이고 최 회장과 가족 간의 일이니 논외로 하자(그 부분은 재벌 총수에게만 특수한 상황은 절대 아니고 일반인에게도 일어나는 일들이기 때문이다).

최태원 회장은 SK그룹 계열사에서 펀드 출자한 465억 원을 국외로 빼돌려 선물옵션 투자에 사용한 혐의로 지난 2013년 1월 구속돼 징역 4년을 선고받고 2년 7개월간 수감생활을 하던 중 사면은 물론 복권까지 받아서 경영자로서 복귀한다. 사실 주주의 이익을 지키는 것이 제1의 사명인 경영자가 회삿돈을 빼돌렸다는 것은 가장 큰 죄라고 해도 과언은 아닐 것이다. 경비원이 도둑질을 한 것과 비슷하다. 그래서 회삿돈을 횡령한 직원이 그 회사에 그대로 근무하는 경우는 거의 없다. 회삿돈을 횡령한다는 것은 주주의 돈을 모아 전문경영인에게 맡기는 것을 전제하는 현대의 시장경제체제를 뿌리부터 흔드는 반시장적 행위이기 때문이다. 이렇게 되면 주식회사와 소유와 경영의 분리 같은 개념들은 위태로워진다. 우리 대기업은 가히 상식이 실종되는 버뮤다 삼각지대이다.

4위는 LG그룹이다. 이 그룹은 한국적인 재벌체제 속에서 매우 독특한 기업집단이라고 해야 할 것이다. 오너 일가가 범죄와 관련해 구설수에 오르는 경우가 매우 드물다. 4세까지 경영권이 넘어가는데도 장자의 상속권을 존중해서인지 별다른 잡음이 없다. 물론 자식이 많다 보니 이런저런 일이 있기는 하지만 다른 그룹과 비교하면 없다고 해도 과언이 아닐 것이다. 구씨 일가가 경영에 너무 많이 참여하고, 그것이 반시장적인 것은 물론 그룹의 발전을 더디게 하며, 예전의 위치와 비교해 볼 때 망하지는 않았지만 크게 도약도 못 하는 기업이라는 비판을 할 수도 있겠지만 적어도 이들이 범죄로 물의를 일으키는 일은 별로 없다. 가풍이 좋다고 해야 할지도⋯.

그리고 우리는 5위인 롯데에 이른다. 롯데야말로 재벌 세습체제가 왜 우리 사회에서 없어져야 하는지 보여 주는 가장 모범(?)적인 사례일 것이다. 이명박, 박근혜 전 대통령에 대한 수사는 한국 재벌이 수십 년이 지나도 본질적으로 변한 게 없다는 것을 보여 줬다. 한국 재벌 비리의 민낯, 혹은 노다지라고 해야 할까.

신동빈 롯데그룹 회장은 2018년 3월 박근혜 전 대통령의 국정농단 사건과 관련해 징역 2년 6개월의 실형을 선고받고 수감된다. 그는 2016년 3월 14일 박근혜 전 대통령과 독대한 뒤 최순실 씨 소유인 K스포츠재단에 45억 원을 출연하고 70억 원을 추가 지원했는데, 이것이 서울 시내 면세점 사업권 재승인을 위해 낸 것이라고 인정됐다. 그나마 이 경우는 회사를 위해서 뇌물을 준 것이라고 봐줘야 하는 것인지는 모르겠다.

하지만 신동빈 회장이 세간의 주목을 끈 것은 국정농단 사건 이전이다. 계기는 형인 신동주 전 부회장과의 경영권을 둘러싼 분쟁이었다. 이 사건은 권력을 쟁취하기 위한 암투를 소재로 한 그 어떤 영화보다도 영화스럽고 막장스럽다 해도 과언이 아니다. 롯데가를 소재로 방송사들이 주말에 막장드라마를 하나 만들 수도 있을 것이다. 롯데에서 이런 일이 실제로 일어나지 않았다면, 평론가들은 그 드라마에 대해 재벌가를 과장해서 묘사해 현실감이 없다고 비판했을 것이다. 아버지와 아들, 조카와 삼촌, 이복남매, 아버지의 다른 여인 간의 합종연횡이 가히 현기증이 날 정도이다. 중국 고대 황실의 그 어떤 궁중 암투가 이보다 드라마틱하다 할 것인가.

형인 신동주 부회장은 회사 직위에서 해제되자 아버지인 신격호 회장의 도움으로 복귀를 시도하지만, 이로 인해 창업주인 신격호 회장이 오히려 자리에서 물러나게 된다. 이후 3부자 간에는 치열한 고소 고발이 이어진다. 여기서 잊지 말아야 할 것은 롯데그룹이 개인회사가 아니라는 것이다. 롯데그룹은 대다수 주주들의 것이다.

하지만 이들의 불법적인 행각은 엉뚱한 곳에서 드러나고 만다. 2016년에 정운호 네이처리퍼블릭 대표를 수사하던 검찰에 롯데의 불법경영이 포착된다. 수사 결과 신동빈 회장과 아버지인 신격호 창업주, 신동빈 회장의 형인 신동주 씨, 이복누나인 신영자 씨, 그리고 아버지와 사실혼 관계에 있는 서미경 씨까지 집안 일가가 무더기로 기소되는 일이 벌어진다. 이보다 더 극적이고 복잡한 플롯을 가진 영화가 어디 있다는 말인가!

당시 박근혜 전 대통령 국정농단 사건 등 워낙 많은 사건이 있어서 세간의 시선에서 묻히고 말았지만, 갈등 관계가 워낙 복잡해서 설명을 위해 계통도가 필요한 사건이었다. 이들이 기소된 이유는 간단히 말해서 기업의 돈을 가족의 돈인 양 일가족이 횡령하고 나눠 가졌다는 것이었다. 앞서 얘기했듯, 주식회사가 근간인 현대 시장경제체제에 반하는 행위이다. 하지만 이들은 모두 1심에서 실형을 면했다. 일부 혐의는 무죄판결을 받기도 했다. 불법과 경영상의 판단 간에는 경계가 모호하다(특히 머리가 좋고 법조경력이 오래된 변호사들이 많은 대형 로펌이 맡은 사건일수록 경계는 더 모호해진다. 그들은 현대판 '레인메이커rainmaker'다). 재판부는 "이 사건은 총수 일가가 계열사로 하여금 부당 급여를 지급하게 하는 등 기업 사유화의 단면이 분명하게 드러나는 사안"이라고 지적했다. 신격호 총괄회장에 대해서는 "그룹 임직원은 물론 경제계의 거목으로서 경영계의 거울이 돼야 할 위치에 있는 인물"이라며 "법질서를 지켜 정상적인 방법으로 경영할 책임이 있는데도 계열사 자산을 사유재산처럼 처분했다"고 질타했다.

하지만 그들을 감옥에 보내지는 않았다. 재벌 총수가 실형을 면하고 집행유예를 받는 것은 봄이 오면 기온이 따뜻해지고 한국 축구는 골 결정력이 없는 것처럼 우리 국민에게는 당연한 일로 받아들여진다. 그들은 국민 경제에 공헌한, 그래서 '정상이 참작돼 마땅한' 사람들인 것이다. 그리고 신동빈, 신동주 형제의 용쟁호투는 아직 끝나지 않은 듯하다. 신동빈 회장이 수감에 들어

가자 신동주 씨는 동생이 자리에서 물러나야 한다고 다시 포문을 열었다. 우리는 그들의 싸움이 다소 혐오스럽더라도 계속 봐줘야 한다.

이런 모든 일들을 의혹으로 볼 것이냐 사실로 볼 것이냐를 결정하는 데는 두 가지 관점이 있다. 하나는 법적인 관점이고 다른 하나는 상식의 관점이다. 재벌 총수들이 연관된 의혹의 상당 부분은 법적으로는 범죄로 밝혀지지 않는다. 법적인 관점에서 보면 그들은 그저 의혹에 머물 뿐이다. 하지만 우리는 다 알지 않은가? 합리적 사고를 하는 사람이 상식적으로 보면 법적으로 밝혀지지만 않았을 뿐이지, 무슨 일이 벌어졌을지 짐작이 가는 부분이다.

우리나라에서 재벌과 관련된 판결이 무죄로 났다고 해서 그것을 그대로 믿는 사람이 얼마나 될 것인가? 재벌가는 물론 재수가 좋은 사람들이다. 그렇게 돈이 많은 집안에 태어난다는 것 자체가 극히 낮은 확률의 일이다. 하지만 어떻게 재벌 내에서 이뤄진 그 많은, 논란이 되는 의사결정들이 재벌 총수 일가에 그토록 유리하게 '합법적'으로 이뤄질 수 있다는 것인가? 경영상의 의사결정은 주관적 요소를 필수적으로 동반한다. 때로는 육감에 의해 결정될 수 있다. 기본적으로 그 의사결정이 횡령적이고 배임적이라는 것을 입증하기란 매우 어려운 일이다.

삼성그룹 경영권을 물려받은 이재용 부회장은 자리에 오르자마자 박근혜 전 대통령과 관련해 이른바 세기의 재판을 받고 있다. 과연 이것이 그가 범죄혐의와 관련해 받는 마지막 재판이 될 것인지 … . 그런데 전 세계 어느 나라에서 그 나라 최대 기업의 최고경영자가 이렇게 정기적으로 범죄혐의를 받는지 … . 이건 매우 독특하고 남 보기에 부끄러운 일이다.

하지만 문제는 이런 일이 너무 자주 있다 보니 국민들의 감수성이 마비되고 있다는 것이다. 매우 비정상적이고 불법적인 일에 익숙해지고 있는 나라, 과연 이런 나라가 선진국이 될 수 있는지, 이제는 진지하게 한번 생각해 봐야 하는 것 아니겠는가? 이제라도 우리 경제를 이끌어 온 대기업 경영과 관련한 패러다임을 바꾸는 문제를 심각하게 생각해 봐야 한다.

정경유착과 세습

한국은 OECD 국가이다. 2보 전진과 1보 후퇴, 때로는 2보 후퇴를 반복하기는 하지만, 과거에 같은 개발도상국이었던 나라들이 답보를 면하지 못하는 것과 비교한다면 민주주의라는 측면에서도 비약적인 성장을 했다고 평가해도 자화자찬이 아닐 것이다. 그런데도 여전히 고질적으로 고쳐지지 않는 부분이 있다. 정경유착이다. 워낙 익숙한 개념이어서 우리나라에 아직도 정경유착의 고리가 존재하는 것이 이상하지 않다고 생각할 수 있지만, 아직도 이렇게 거대한 규모의 비리가 사회 지도층이라고 불리는 사람들 사이에 공공연하게 거래되고 있다는 것은 한국이라는 국가의 정치와 경제발전 단계를 고려할 때 상당히 이례적인 일이다.

정치나 경제 수준에 맞지 않는 이런 거대한 비리가 고쳐지지 않는 이유는 무엇일까? 일반인들 사이에서 일어나는 지하경제의 탈세나 병역 비리, 하급 공무원 비리, 군대 내부의 인권 침해나 구타 문제, 직장 내에서의 부조리한 관행, 성추행 등은 완벽하다고는 할 수 없지만 상당히 개선된 것이 사실이다. 하지만 박근혜 전 대통령의 경우에서도 볼 수 있듯이 정경유착은 여전히 건재하다. 오히려 수법이 교묘해지고 있다. 단순히 뇌물이 오가는 것이 아니라 공공의 이익을 훼손해 가면서 제도적 특혜를 준다는 점에서 구조화되고 지능화됐다고 해도 과언이 아니다. 이유는 무엇인가?

우리나라 정경유착의 특징을 보면, 재벌들이 정치권으로부터 바라는 점은 기업 자체의 이익을 증진시키는 것이 아니다. 기업이라는 비인격체를 위해 이토록 끈질기게 유착을 시도하기는 어려운 일이다. 예를 들어, 미국 기업들도 미국 정부로부터 얻어내고 싶어 하는 것이 있다. 그들은 그것을 얻어내기 위해 치열하게 로비를 벌인다. 하지만 그들이 얻어내려고 노력하는 것은 대부분 기업을 위한 법적, 제도적 변화 혹은 현상유지이다.

그것은 생존이 본능인 기업의 특성을 고려할 때 법의 테두리를 벗어나지 않는다면 나쁜 일이라고 할 수 없다. 오히려 기업활동의 일부이다. 하지만 우리나라는 그렇지 않다. 우리는 그것을 로비 대신 정경유착이라고 부른다. 정치권과 경제계 사이에서 거래 대상이 되는 것이 기업의 이익이 아니라 총수와 총수 일가의 개인적 이익이기 때문이다.

정경유착이 이렇게 없어지지 않는 근원에는 당연히 재벌 경영권 세습이 뿌리를 내리고 있다. 총수 일가의 왕국을 유지하는 과정에서 파생되는 후손들의 폭력 사건에서부터 시작해 상속 문제 등 온갖 편법성에 대한 논란을 잠재우기 위해서는 정치권과의 끈끈한 관계가 필수적인 것이다. 기업 자체의 이익을 위해서는 감옥에 가는 위험을 무릅쓰고 이런 일들을 하지 않는다. 하지만 왕권을 지키기 위해서라면 충분히 할 만한 일이 되는 것이다. 실제로 전문경영인 체제에서는 전문경영인이 위험을 무릅쓰면서 뇌물 증여와 같은 불법행위를 시도할 이유가 없다. 정치 경제적인 발전에도 불구하고 이토록 집요하게 후진국의 습관인 정경유착이 근절되지 않는 데는 구조적인 요인이 있고, 그것은 바로 재벌의 세습이다.

왕국은 망한다

역사상 모든 왕국의 공통점은 무엇인가? 가장 뻔한 것은 왕이 통치한다는 것이다. 하지만 이것 말고 왕국의 피할 수 없는 공통점이 하나 더 있다. 이 공통점이야말로 세습에 관한 한 어느 민족보다 관대한 우리 민족의 입장에서 볼 때 시사하는 바가 매우 크다 할 것이다. 바로 '모든 왕국은 망한다'는 것이다. 물론 중동에 망하지 않은 나라도 있기는 하지만, 그 나라들의 경우 왕정의 치명적인 결점이 석유와 종교라는 미봉책으로 가려져 아직 망하지 않고 있을 가능성이 높다. 석유가 한정 없이 나오지는 않는다. 나머지 왕국들은 이미 망했거나 명목상의 왕국, 입헌군주제로 존재할 뿐이다.

그렇다면 왜 왕국은 망할까? 너무 당연한 얘기지만, 왕 때문이다. 그리고 왕이라는 자리의 가장 큰 특징은 세습된다는 것이다. 즉, '세습은 그 나라를, 조직을 결국은 망亡으로 이끈다'는 것은 거의 철칙이다.

왕정의 경우, 그 자리가 세습되는 것도 모자라서 지도자에게 주어지는 권한이 절대적이기까지 하다. 세습되는 권력일수록 자격이 있는deserving 권력, 국민이나 조직의 선택을 받은 권력보다 더 강한 것은 아이러니이다. 그러니 망할 수밖에 없는 권력이 왕권이다. 우수한 자질의 유전에는 한계가 있을 수밖에 없는데 피는 계속 묽어지고 그 권력이 세습되고 절대적이기까지 하다 보니 나라의 경영이 제대로 될 리가 없다.

조선시대를 보자. 태조 이성계는 그 아들 이방원과 더불어 특별한 재능을 지닌 부자 콤비였다. 비전이 있었다고 해도 될 것이다. 굳이 인색하게 그것은 자신을 위한 권력욕이었을 뿐이라고 평가할 필요는 없다. 권력욕과 비전이 공존할 수 없는 것은 아니니. 그들이 고려사회의 잘못된 점에 대한 문제의식을 갖고 있었다고 평가해도 될 것이다. 이런 부자가 나온다는 것도 확률상 높은 일은 아니지만 가끔 있는 일이다.

여하튼 이 부자 콤비는 그렇게 해서 조선을 세우게 된다. 국가 이념을 불교에서 유교로 바꾸는 등, 그들은 어떤 비전을 백성들에게 제시할 수 있었다. 하지만 세습의 문제는 당장 태조 다음 대부터 그 결점을 드러내기 시작한다. 태조는 작은 부인에게 낳은 아들에게 왕위를 물려주고 싶었지만 권력의지나 건국과정에서의 공헌은 이방원에게 있었던 것이다. 이런 점에서, 세습을 하더라도 경쟁을 통해 우수함을 입증받은 자식에게 물려준다면 그나마 세습 안에서 시장경제의 원리가 제한적으로나마 작동했을텐데 하는 생각을 해보게 된다. 물론 이것은 범죄를 저지르려면 징역형을 살 중범죄가 아니라 벌금만 내면 되는 경범죄를 저지르는 게 좋다는 말처럼 반쪽만 진실이다.

이런 일을 겪어서인지 태종은 왕위를 물려줄 아들을 고르는

데 있어서 능력을 중시하게 됐을 것으로 추정된다. 자식들 중에 왕재를 가진 세종에게 왕위를 물려주고, 그 결과 조선 역사상 가장 위대한 왕이 나올 수 있었던 것은 피바람을 일으킨 태종이 남긴 가장 큰 업적일지도 모른다. 여기서 굳이 교훈을 찾자면 세습을 꼭 하려거든 첫째, 자식을 많이 낳을 것, 둘째, 그 자식 가운데 장남을 고집하지 말고 가장 리더십이 있는 자식을 후계자로 택할 것이다.

조선에서 위대한 왕이라는 말을 듣는 사람들이 대부분 장자가 아니라는 점은 흥미롭다(의외로 장남이 왕위를 계승한 경우가 많지 않기도 하지만). 세습 가운데서도 가장 무지막지한 세습이 장남에게 물려주는 것인데, 세종, 영조나 정조 같은 훌륭한 임금들은 물론 세습이기는 하지만 그래도 세습체제 내에서 가장 뛰어난 인재를 뽑으려는 최소한의 노력 혹은 운의 산물이다. 장남이 아니거나, 서출이거나, 심지어 아버지를 건너뛴 사람들이다.

조선의 왕 가운데 훌륭하다는 평가를 받는 임금이 누군가 세어 봤는데, 놀랍게도 별로 없다. 505년간 27명이나 되는 왕이 통치했다. 그들은 어렸을 때부터 최고의 스승들로부터 교육을 받고 자랐건만, 대왕이라는 이름을 붙여 줄 만한 임금은 몇 명이 안 된다. 엄청나게 낮은 성공률이고 따라서 왕정은 나라의 지도자를 뽑는 방법으로서는 극도로 비효율적이라는 것은 여기서도 알 수 있다. 민주주의는 세습되는 지도자를 내지 않는다는 것 하나만으로도 얼마나 효율적인 체제인가!

　근대사에서 재빨리 지도자를 정하는 방식을 바꿔 왕족이 아닌 사람들 가운데 배출된 지도자가 나라를 이끌도록 한 나라들이 왕정을 고집한 나라들을 지배하고 압도한 것은 우연이 아닐 것이다. 일본은 조선에 훨씬 앞서 천황을 명목상의 지도자로 만들었고, 그 결과 임금 혹은 그의 일가, 처가를 실질적인 지도자로 고집하던 조선을 식민지로 삼을 수 있었다. 누가 지도자가 되는가, 즉 지도자를 어떻게 정하는가는 그 조직의 운명을 바꾼다. 우리는 이 점을 계속 기억해야 한다.

　조선을 다시 한 번 보자. 반상제도 때문에 훌륭한 인재가 마당에서 빗질이나 하며 인생을 낭비하는 일은 비일비재했을 것이다. 왕정이나 신분차별, 인종차별, 노예제도, 공적 지위 세습 등 시스템의 가장 큰 해악은 인재의 낭비를 낳는다는 데 있다. 이는 국가발전 정체로 이어지게 마련이다. 지금의 미국을 포함하여 세계를 지배한 제국들이 다른 민족에 포용적이었던 것은 의미가 있다. 하지만 이런 반시장적 제도하의 양반들 가운데 소수나마 지도자적 자질을 가진 뛰어난 인물들도 있었다.

　정약용 같은 인물은 그냥 공부를 잘한 사람이 아니었다. 나라를 다스리는 것에 대한 비전에 백성을 사랑하는 마음까지 갖춘, 탁월한 지도자적 자질을 지닌 사람이었던 것으로 보인다. 공학적 재능까지 가졌다고 하니 레오나르도 다 빈치가 따로 없다. 유학의 틀에 갇혀 있던 나라에 이렇게 시대를 앞서가는 생각을 가진 천재가 있었다는 것이 놀라울 뿐이다. 비전과 성품으로 따진다면, 세습이 아닌 다른 체제로 지도자를 뽑았다면 마땅히 나라를 다스릴 만한 사람이었다.

왕은 군림만 하고 이런 사람이 총리가 돼서 나라를 이끌었다면 어땠을까 몽상하게 만드는 인물이다. 조선에도 '○○유신'이라는 역사적 사건이 일어났을지 모른다. 그는 귀양을 가서 책이나 쓰고 있을 사람이 아니었다. 이런 사람이 나라를 실질적으로 다스릴 총리와 같은 위치에 오르도록 작동하는 시스템을 갖춘 나라였다면 조선은 일본처럼 발전했을 것이다. 물론 그가 좋은 책을 쓴 것은 사실이지만, 그 책이 실제로 나라를 운영하는 데 크게 활용되지 않았다는 점에서 그의 재능은 낭비된 것이나 다름없지 않은가? 정약용 같은 사람이 있었다는 것은 조선시대의 자랑이 아니다. 비극이다. 그런 지도자 두세 명만 나라를 이끌었어도 조선은 망하지 않았을지 모른다.

신라의 최치원도 이와 관련해 생각해 볼 만한 인물이다. 신라가 망해 가던 시기에 태어난 최치원은 신라라는 나라가 배출한 최고의 천재였던 듯하다. 머리가 얼마나 좋았는가는 12살에 중국으로 조기유학을 떠난 것만 봐도 알 수 있다. 교과서에서 배웠듯이, 그는 중국에서 과거까지 합격하고 관리가 된 뒤 황소의 반란과 관련해 지은 토황소격문으로 이름을 날렸다고 한다.

그렇다면 이렇게 뛰어난 인재가 신라로 돌아와서 국가를 위해 혁혁한 성과를 올렸어야 할 것이다. 하지만 역사는 그렇게 기록되지는 않았다. 그가 재능을 펼치지 못한 주요한 이유는 그가 유학을 갈 만큼 높은 신분(6두품)이기는 했지만 왕족들이 세습하는 진골은 못 됐던 탓에 뜻을 펴는 데 한계가 있었다는 것이다. 이런 나라는 꼭 망한다. 지금도 이런 조직은 꼭 망한다.

세습은 뛰어난 사람들이 일할 기회를 빼앗는 데서 그치지 않는다. 공정성의 상실, 즉 도덕적 타락에 그치지 않고 그들이 사회에 공헌할 기회를 박탈함으로써 사회의 발전 기회를 빼앗아 간다는 것이다. 지도층을 능력이 아닌 자기들끼리의 혼맥으로 결정하는 극단으로 치달은 신라가 망한 것도 이상한 일은 아니다. 왕정도 모자라 신분제까지 시행했으니 지도자의 풀pool이 얼마나 작았을지 상상이 쉽게 간다. 이런 사실들을 알았던 것인지, 재수가 좋아서 역사가 그런 방향으로 펼쳐진 것인지, 영국 사람들은 일찌감치 왕은 상징적인 존재로 남기고 나라를 운영하는 일은 재능 있는 인재들에게 넘겼다.

그들은 정말 왕정의 이 같은 치명적인 문제점을 알았던 것일까? 유럽 국가들은 일찌감치 이 문제에 대해 무언가를 했고, 세계사에서 앞서가기 시작한다. 아시아에서 가장 먼저 왕이 아니라 정치인들이 나라를 운영하게 한 일본이 아시아에서 앞서간 것은 우연이 아닌 것으로 보인다. 중국 역시 이런 흐름에서 일본에 뒤졌고, 그 결과 인류 역사상 그토록 월등한 과학적 성과들을 냈음에도 불구하고 지도자를 뽑는 시스템에서 우월했던 서방 열강은 물론이고 한때 오랑캐 중에 오랑캐로 여겼던 일본에게도 굴욕을 당한다.

유럽에서도 이런 일은 일어났다. 그것도 세습이 역대 최고의 스케일로 그야말로 스펙터클하게 실패한 경우로, 세습이 조직에 얼마나 처참한 결과를 가져올 수 있는가를 보여 준다. 빌헬름 2세와 독일제국이 그 주인공이다. 빌헬름 2세의 할아버지 빌헬름 1세는 재상 비스마르크와 함께 독일을 통일한 뛰어난 군주였다. 정치적 능력뿐 아니라 인품도 신사였다는 평가를 받은 빌헬름 1세는 비스마르크의 능력을 높이 샀고, 그에게 국정의 대부분을 맡겼다. 독일을 통일해 독일제국의 초대황제가 되는 업적을 이루기까지 했다.

역사가 반복된다는 점은 놀랍다. 그것이 좋은 역사이건 나쁜 역사이건 그렇다. 유비가 제갈량을 중용했듯이 빌헬름 1세도 비스마르크를 믿고 그가 나라를 운영하도록 맡겼다. 그런데 문제는 그의 손자인 빌헬름 2세가 즉위를 하면서부터 일어났다. 빌헬름 2세는 할아버지와는 달리 참을성이 없고, 성격이 난폭했으며, 군주가 의사결정을 다 해야 한다고 믿었다. 심지어는 능력이 뛰어나지 못하고 아둔하다는 평을 받았지만, 자존감만은 하늘을 찔렀던 모양이다. 이런 사람이 할아버지와 함께 독일을 통

빌헬름 2세. 수염만큼 자존감은 높았지만, 능력은 ….

일한 위대한 능력을 갖춘 비스마르크를 어떻게 봤을지는 모두가 짐작할 것이다. 그는 비스마르크가 자신의 권위를 깎는다고 생각해 그의 조언을 무시한다.

빌헬름 2세가 무시한 조언 가운데 가장 엄청난 결과를 가져온 것은 외교 분야에 관한 조언이었다. 거침없는 성격이었던 비스마르크는 외교에서만은 조심스럽고 평화적인 정책을 선호했는데, 빌헬름 2세는 그렇지 않았다. 전쟁을 선호했다. 오히려 전쟁을 일으켜 공을 세우려 한 것으로 보인다. 그리고 그 결과 일어난 것이 인류 역사상 최악의 전쟁으로 평가받는 제1차 세계대전이다. 전사자만 900만 명에 이르렀다고 하니 지금의 관점으로서는 상상도 안 되는 인류사의 비극이다. 제1차 세계대전은 참호전으로 유명하다. 참호를 파고 일진일퇴를 거듭하면서 사람을 소모품처럼 사용한 전쟁이었다. 소설로도 유명한 서부전선 전투의 경우 베르됭 전투에서만 프랑스 70만 명, 독일은 100만 명에 가까운 사상자가 났다고 한다. 이 전투로 도시 하나의 인구가 사라진 것이다.

독일은 결국 이 전쟁에서 패배했고, 병사만 200만 명 이상이 처참하게 죽은 것도 모자라 알자스, 로렌 지방을 빼앗기고 굴욕적인 베르사유조약에 서명해야 했다. 빌헬름 1세는 실제로 독일을 통일한 업적이 있음에도 자신의 신하인 비스마르크를 믿고 국정을 맡겼다. 하지만 아무런 업적 없이 같은 핏줄이라는 이유만으로 황제의 자리에 오른 빌헬름 2세는 제멋대로 나라를 운영하다가 독일 역사상 최악의 처참한 패배를 불러왔다.

세습으로 지도자가 결정되는 모든 왕국, 정확히 말해서 왕이 커다란 권한을 휘두르는 왕국은 망한다. 제1차 세계대전 당시 독일의 교전국이었던 영국도 왕국이기는 했지만, 왕의 권한이 독일과는 비교도 안 될 정도로 축소돼 있었다. 독일제국은 결국 50년을 버티지 못하고 붕괴된다. 국민들에게 엄청난 고통과 치욕만 남긴 채. 그리고 그 치욕감은 독일 국민들로 하여금 인류 역사상 최악의 괴물 아돌프 히틀러를 구국의 영웅으로 떠받들게 만든다. 결국 제1차 세계대전은 제2차 세계대전으로 이어졌고,

독일은 다시 한 번 엄청난 인명과 재산 손실을 입게 된다. 이번에는 유대인 학살까지 자행하면서 제1차 세계대전과는 달리 도덕적 참패까지 당한다.

역사는 어떤 일이 필연적으로 일어날 수밖에 없는 구조로 인해 누가 어떤 결정을 하던 간에 결국 정해진 방향으로 진행되는 경우도 있지만, 중요 당사자들이 어떤 결정을 내리느냐에 따라서 다른 방향으로 충분히 갔을 수도 있는 일들로 가득 차 있다. 빌헬름 2세가 자기 분수를 알고 유능한 신하들의 말을 들었다면 어찌 됐을까? 그가 제1차 세계대전이 일어나는 데 결정적 역할을 한 것은 분명해 보인다. 지도자를 세습으로 뽑고 그에게 능력에 부치는 권한을 허용했을 때 어떤 일이 일어날 수 있는가를, 지도자 개인은 물론이고 그를 지도자로 둔 조직이 얼마나 처참하게 망가질 수 있는가를 빌헬름 2세는 소름끼치게 보여 준다.

주입하듯이 얘기해서 다소 미안하지만, 재능 있는 인재들이 넘쳐 나도 그 사람들이 지도자가 되는 길이 막혀 있다면 그 사회나 조직은 망할 수밖에 없다. 세습의 가장 큰 죄악은 바로 재능 있는 사람들이 지도자가 되는 길을 막는다는 점이다. 여기서 다시 상식에 근거한 분노와 의문이 일 수밖에 없다. 왜 우리는 21세기에도 기업의 지도자들을 세습시키면서 경제가 발전하길 기대하는 것인가? 왜 그 긴 역사를 통해 입증된 극히 단순한 순리를, 귀를 막고 고개는 모래에 처박은 채 무시하는 것인가?

세습(?)의 또 다른 참패

세습이라는 관행에 대해 보다 심각하게 생각하도록 만든 계기가 있다. 바로 박근혜 전 대통령과 관련된 스캔들과 그로 인한 국가적 논란은 아버지가 누구냐에 의해 지도자를 결정하는 것이 얼마나 위험한 것인가를 보여 주는 극단적 사례일 것이다. 사실 대통령이라는 사람들은 매우 정치적인 인물들이다. 대통령의 선출은 국가 차원에서 잘못된 일이었다고 단언해서 평가하기 힘든 경우가 많다. 정치적 현상은 양비론, 양시론적인 면을 동반하기 때문이다. 하지만 세계적으로 보기 드문 촛불시위와 탄핵에 의한 대통령 수감이라는 현실을 고려할 때 박근혜 대통령의 선출은 대한민국 국민의 실수였다고 해도 결과론적으로 틀린 말은 아닐 것이다.

박근혜 탄핵은 민주주의에 대한 국민의 높은 의식을 확인하는 자랑스러운 경험이 됐다. 하지만 애초에 그런 사람을 뽑은 과정과 그 당시의 생각을 돌아보는 시각은 이 같은 자부심에 가려서인지 찾아보기 어렵다. 한 사람의 아버지가 누구이기 때문에 그를 지도자로 '선택하지 않는다'면 그것은 위험하고 공정하지도 않은 일이다. 하지만 아버지가 누구이기 때문에 그를 지도자로 '선택한다'면 그 역시 잘못된 일이다. 집단은 그로 인해 큰 대가를 치를 수 있다.

박근혜 전 대통령은 물론 민주적 절차인 선거를 통해 당선됐다. 형식적으로 세습이라고 부르기에는 적절하지 못한 면이 있는 게 사실이다. 지금에 와서는 당시에 국정원이 선거에 개입한 것이 드러나면서 정권의 정통성 자체에 대해 의문이 제기되지만, 그것은 선거 자체보다는 선거운동이라는 절차가 오염됐다는 것을 보여 주는 것이고, 국정원의 개입이 없었다면 실제로 당선되지 않았을 것이라고 단언하기도 힘들다. 박근혜 전 대통령이 뽑힌 절차는 형식적으로 세습과는 관련 없는 부분이다.

　그러나 이러한 절차적 합법성을 인정하더라도, 그를 뽑은 상당수 유권자들에게는 '그토록 훌륭한 박정희 대통령'의 딸에게 권력을 '물려주는' 것에 대한 기대심리가 있었던 것 같다. 능력의 유전은 그리 자주 일어나지 않는다는 관점에서 볼 때 전혀 합리적이지 않은 생각이다. 혹은 그를 뽑은 많은 사람들의 마음속에는 '박정희 전 대통령이 경제발전에 공헌했으니 자식 대에서라도 우리가 보상을 해줘야 한다', '부모가 총에 맞아 죽었는데 불쌍하다'는 부채의식 혹은 동정심이 작용한 것으로 보인다.

　물론 박근혜 전 대통령의 당선이 순전히 아버지의 후광에서 비롯됐다는 것은 아니다. 하지만 과연 그는 아버지의 후광 없이도 당선됐을까? 아예 정계 진출이 어려웠을 것이다. 그에 대해 자신 있게 '노'라고 대답할 수 있는 사람은 거의 없을 것이다. 부자가 국회의원을 지낸 경우는 꽤 있다. 하지만 박근혜 전 대통령의 경우 그 자리가 워낙 큰 영향을 미치는 자리라는 점이 문제였다. 지도자를 선정하는 과정에서 세습적인 요소가 조금이라도 작용하는 것은 이런 결과로 이어진다.

당시 해외 언론들 사이에는 독재자의 딸이 대통령에 당선됐다는 것에 놀라움을 표시하면서, 이것을 가능하게 한 한국의 수준을 깎아내리는 분위기가 있었다. 하지만 중요한 것은 '독재자의 딸'이라는 부분보다는 '아버지로 말미암아 당선됐다'는 세습적인 부분이 아니었을까? 독재자의 딸이라도 비전과 능력을 갖췄다면 지도자로 선출하지 말아야 한다는 법은 없다. 오히려 선거운동 때 얼핏 보여 준 것처럼 그가 아버지가 잘못한 부분을 고치고 사회통합을 시도했다면 그것은 결자해지의 아름다운 모습이 될 수도 있었다.

하지만 독재자의 딸이건 위대한 인물의 딸이건, 그 사람이 누구여서가 아니라 아버지가 누구이기 때문에 지도자로 내세우는 것은 모험적이고 심지어는 우매하기까지 한 일이다. 그리고 그 결과는 어떠했는가…. 박 전 대통령은 아버지의 시대에 문제가 됐던 사람들과의 관계를 청와대에서도 이어 갔고, 그것은 결국 개인적 비극을 넘어 나라의 손실로 이어졌다.

물론 선거 당시를 기준으로 판단할 때, 박근혜 전 대통령이 훌륭한 지도자가 될 가능성이 없었다고는 할 수 없다. 그에게는 점잖은 보수라는 이미지가 있었다. 하지만 생각해 보면 대부분의 사회 정치적 현상과 관련된 결정은 확률에 의존하는 것이 바람직하다. 아버지가 누구이기 때문에 그 자식이 아버지만큼 훌륭할 확률은 도대체 얼마나 될 것인가? 그보다는 살아오면서 자신의 힘으로 뭔가를 이뤘고 그 과정을 검증할 수 있는 사람을 지도자로 뽑는 것이 성공 확률을 높일 수 있는 합리적인 투표행위가 아니겠는가?

유명한 아버지를 둔 자식을 지도자로 선택하는 것이 우리나라만의 일은 아니다. 민주주의 선진국이라는 미국도 제 41대 대통령 조지 H. W. 부시의 아들 조지 W. 부시를 제 43대 대통령으로 당선시켰다. 그것이 박정희의 딸인 박근혜를 당선시킨 한국의 경우와 무엇이 다른가 하는 의문이 제기될 수 있다.

하지만 부시 시니어를 박정희 대통령과 비교하는 데는 상당한 무리가 있다. 한국에서 박정희 대통령이 차지하는 비중은 부시 시니어가 미국에서 차지하는 비중과는 비교조차 되지 않는다. 더구나 부시 시니어는 그렇게 인기 있는, 혹은 영향력 있는 대통령이 아니었다. 그는 현직 대통령으로서는 보기 드물게 재선에 실패했다. 전임자였던 레이건 대통령의 존재감에 가려서 늘 쪼그라든 면이 있었다. 오죽하면 부시 주니어가 롤 모델로 삼은 것은 아버지가 아닌 레이건이었던 것으로 알려져 있다.

따라서 부시 주니어의 당선 과정에 아버지의 후광이 작용했다고 주장하기는 어려운 면이 있다. 그가 정치인으로 출발하는 데는 상원의원이었던 할아버지와 아버지의 후광이 결정적 역할을 했지만, 적어도 대통령 선거에서 미국 유권자들이 부시 시니어에 대한 향수 때문에 부시 주니어를 선택했다고 보는 분석은 본 일이 없다. 그보다는 미국의 유권자들은 따뜻한 보수를 내세운 부시 주니어의 비전과 사람 냄새가 나지 않는 상대 후보(앨 고어와 존 케리)의 차가운 이미지 때문에 부시를 선택했다고 보는 것이 맞을 것이다.

물론 그렇게 '제대로' 뽑은 조지 W. 부시가 훌륭한 대통령이었느냐, 능력과 자질을 기준으로 선정된 지도자는 실패하는 경우가 없느냐고 반문한다면 그에 대답은 '그들도 실패한다'일 것이다. 하지만 우리가 할 수 있는 일은 지도자 선정 과정에서 최대한 공정을 기하는 것뿐이다. '제대로' 선정 과정을 거친다면 실패할 확률은 훨씬 낮아질 것이고, 그러고도 실패한다면 받아들일 수밖에 없는 것이 인간이 사는 세상이다.

어쨌거나, 박근혜 전 대통령의 당선은 형식적으로 세습은 아니다 하더라도 세습에 대한 사회의 관대한 태도에 기인했다. 그리고 그 선택은 재앙적으로 실패(탄핵이 자주 일어나는 일은 아니다)했다고 표현해도 과하지 않을 것이다. 엄청난 에너지를 소모해 가면서 선출한 대통령이 이런 결과를 내는 것은 국가적으로 막대한 손실이다. 세습에 대한 안이한 인식이 사회에 얼마나 큰 소모를 불러오는지 극명하게 보여 줬음에도 세습에 대한 사회적 경계심이 촉발되지 않는 것은 안타깝고 놀라운 일이다. '이제 우리는 정치 분야건 경제 분야건 세습 같은 요인으로 지도자를 뽑아서는 안 된다'는 자각 말이다.

천박한 부자들

다시 한 번 워런 버핏으로 돌아가자. 개인적인 생각에 그는 시장경제에 대한 희망을 주는 사람이다. 한 경제인은 경제 잡지에 기고한 글에서 버핏을 자본주의의 마하트마 간디라고 칭송했다. 조금 심한 칭송이기는 하다. 하지만 우리가 상상할 수 없는 돈을 모으고도 자식들에게 돈을 다 물려주지 않은 것은 물론이고 40년간 중산층이나 살 법한 집에서 사는 것까지, 그는 많은 사람들에게 감동을 주는 면이 있다.

그가 운영하는 투자회사가 때로는 공정하지 못한 투자를 한다는 비판이 있지만, 적어도 우리가 보기에는 참 배부른 비판이라는 생각이 드는 것이 사실이다. 그는 여러 면에서 자본주의 혹은 시장경제가 가야 할 곳을 보여 주는 사람이다. 결론적으로, 우리나라 부자들 가운데 버핏의 반이라도 되는 사람들이 나온다면 우리 사회가 발전했다는 징표가 될 것이다.

그가 자본주의가 가야 할 곳을 보여 주는 것은 그의 시장을 읽는 천재적인 능력 때문만은 아니다. 펀드매니저를 하는 사람들에게는 미안한 얘기지만 그들이 사회에 얼마나 많은 기여를 하는지는 의문스럽다. 물론 펀드매니저라는 직업은 상대적 우위가 있는 회사들을 잘 선정해서 투자하여 주가를 높이는 데 기여하고, 그럼으로써 그 회사의 자본조달을 돕고 효율적인 자원배분에 기여하는 사회적 역할을 할 수 있을 것이다. 하지만 사실 그런 기여가 얼마나 큰 것인지, 실제로 물건이나 서비스를 만들어내고 가치를 창조하는 사람들에 비할 수 있는 것인지에 대해서는 의문이다.

큰돈을 벌지는 못하지만 목숨을 걸고 다른 사람의 생명을 구하는 소방대원의 삶이 사회에 대한 기여도는 더 높지 않겠는가. 사회에 기여하는 것이 별로 없이 잘나가는 사람들은 잘난 사람들일 수는 있어도 존경할 만한, 훌륭한 사람들은 아니다. 냉정하게 얘기해서 부러워할 수는 있겠으나 존경할 필요는 없는 사람들이다. 그들이 좋은 주식을 잘 골라 돈을 번 것이 도대체 인류평화와 번영, 아니 나의 이익에 무슨 기여를 할 수 있다는 말인가? 그런 면에서, 버핏이 부럽기도 하지만 존경까지 받는 이유는 그가 돈을 어떻게 벌었는가보다는 어떻게 쓰는가에 있지 않을까.

복잡한 요소로 이루어진 인격체인 워런 버핏을 위키피디아는 어떻게 정의했을까? 위키피디아는 첫 문장에서 이렇게 말한다. "워런 에드워드 버핏은 대사업가이며, 투자자이며, ○○이다."

○○ 안에 어떤 말이 들어가겠는가? 전 세계적으로 가장 유명한 투자의 현인을 정의하는 말이니 이 사람의 속성 가운데 가장 중요하다고 여겨지는 말을 넣지 않았을까? 괄호 안에 들어가는 말은 다름 아닌 '자선사업가'이다.

매년 빌 게이츠 등과 세계 최고의 부자 1, 2위를 다투는 버핏은 재산이 800억 달러에 가까운 사람이다(그의 재산은 주가에 따라 자주 바뀐다). 이건희 삼성그룹 회장보다 5배 정도 돈이 많은 것이라고 하니, 상상을 초월하는 액수이다. 하지만 그가 존경스러운 이유는 부에 대한 그의 가치관일 것이다. 그는 돈을 많이 벌어서 유명해졌지만, 그것 때문에 존경받지는 않는다. 돈을 잘 써서 존경받는다. 자신의 재산을 사회에 돌려주겠다고 입버릇처럼 얘기하는 그는 2006년에 전 세계에서 유일하게 자신보다 돈이 더 많은 친구, 빌 게이츠가 운영하는 재단에 300억 달러가 넘는 주식을 기증하기로 한다. 역사상 가장 많은 기부인 것은 물론이다. 자기 이름으로 재단을 만들어서 자기 사람 임명하고, 자기 홍보하는 일 없이 그냥 쿨하게 친구 재단에 돈을 주기로 한 것이다. 그것도 모자라서 2010년에는 같은 급의 부자인 빌 게이츠, 페이스북의 마크 저커버그Mark Zuckerberg와 함께 재산의 반을 기부하기로 약속하고, 다른 부자들도 이 행동에 참여할 것을 촉구한다.

그들은 경제에 대한 기여에서나 베푸는 결단에서나 카네기의 후예들이다. 사실 미국 부자들의 기부는 이런 현대의 부자들에서 시작된 것이 아니다. 역사가 길다. 미국 클래식 음악의 산실과도 같은 카네기홀은 철강왕 카네기가 기부한 것이고, 카네기멜론이라는 명문 대학교도 그의 돈으로 세워졌다. 그는 노동자를 착취해서 돈을 번 사람으로 역사에 남고 싶지 않다며 엄청난 재산을 사회에 기부했다. 그의 홈스테드 제철소에서는 미국 노동운동 사상 유명한 파업이 일어났고, 파업을 진압하는 과정에서 7명의 노동자가 죽는 비극이 일어났다. 하지만 그 이후 카네기는 그런 기억을 지우고도 남을 만한 돈을 도서관과 공연장, 학교 등에 기부했고, 돈을 번 사람이 어떻게 돈을 써야 한다는 본보기를 역사에 남긴다.

중국 노동자를 착취해서 돈을 벌었다는 비난을 받는 리랜드 스탠퍼드Leland Stanford는 결국 당시 돈으로 4천만 달러, 지금 가치로는 10억 달러가 넘는 돈을 들여 스탠퍼드대를 설립한다. 지금과는 달리 19세기 말, 20세기 초의 미국 기업인들은 어느 정도는 노동자를 착취하거나 정치인들과 결탁하여 부도덕한 독점행위를 하면서 돈을 번 사람들이다. 카네기, 스탠퍼드, 밴더빌트, 록펠러 등 대부분이 그랬다. 하지만 이들은 다소 의심스러운 수단을 통해 돈을 벌었다는 것 외에 또 하나 공통점이 있는데, 돈을 번 다음에는 큰돈을 기부하거나 공익적인 기관을 설립했다는 것이 그것이다. 이런 예는 너무나도 많다. 미국에 사람 이름을 딴 기관이나 건물이 많은 이유가 다른 데 있는 게 아니다.

그런데 사실 이런 얘기를 하다 보면 이들에 대한 존경심 끝에 자괴감이 따른다. 우리는 이들과는 너무나도 비교가 되는 현실 속에 살고 있기 때문이다. 이 극명한 대조는 우리나라에서 가장 유명한 기부가가 누구인지만 생각해 봐도 확연하다.

우리의 기억 속에 가장 남는 기부가는 '김밥 할머니'로 유명한 이복순 여사이다. 많은 사람들이 그의 이름은 정확히 모르더라도 어떤 김밥 할머니가 돈을 많이 기부했다는 사실은 기억할 것이다. 그는 지난 1990년 평생 김밥을 팔아서 모은 50억 원을 충남대에 기부했다. 물론 김밥 할머니가 50억 원을 기부한 것은 워런 버핏이 수백억 달러를 기부한 것보다 더 감동적이면 감동적이지 전혀 뒤질 리 없는 아름다운 마음이다. 우리나라 사람이 미국 사람에 비해 자기보다 형편이 못한 사람에 대한 동정심이나 공익적인 일을 하려는 의식이 부족하다는 말은 그런 점에서 틀린 말이다.

하지만 어떻게 대한민국에서 가장 유명한 기부가가 그토록 고생하며 상류층으로서 전혀 누린 것이 없는, 갑질 한 번 해보지 못했을 것 같은 한 할머니여야 하는가? 이런 생각을 많은 사람들이 한 번쯤은 해봤을 것이다. 우리나라에 있는 그 많은 재벌들 가운데 카네기의 반이라도 되는 사람은 왜 나오지 않는가? 우리 사회의 부에 따른 책임의식이 천박하다고밖에 달리 표현할 길이 없는 것 아닌가? 그들은 우리 사회를 통해 돈을 벌었는데 왜 사회에 일부라도 환원해야 한다는 생각이 없는 것인가?

우리 재벌 자손 가운데 술집에서 행패 부리고 운전기사를 때리고 마약을 해서 기사에 나는 것 말고, 기부나 선행을 해서 알려진 사람은 과문한 탓인지 들어 본 적이 별로 없다. 연예인이나 같은 재벌가 여자와 결혼했다가 이혼하고, 기업을 편법 상속받았다는 것으로 화제를 모으지만 중소도시의 건물 하나 상속받은 촌부村富보다 상속세를 덜 내고, 각종 혐의로 재판을 받지만 비싼 변호사를 선임해서 빠져나오거나 아랫사람이 죄를 뒤집어써서 풀려나는 일 등으로 유명해지는 게 고작이다.

그렇다면 우리나라 부자들은 왜 이렇게 기부를 할 줄 모르는가? 이들은 정말 인격적으로 형편없는 사람들인가? 거기에는 개인적인 요인도 있겠지만 보다 구조적인 요인이 있을 것이다. **가장 큰 이유는 역설적이게도 그들에게는 기부할 돈이 없기 때문이다!** (요즘 흔히 하는 표현으로 'ㅋ'이다.) 이것은 정말 웃픈 일이다. 우리나라 재벌들이 기부를 안 하는 것은 돈이 없기 때문이다! 이들의 이 같은 가난(?)은 무엇 때문이겠는가? 그렇다. 그것 역시 세습 때문이다.

이 역시 자식에게 회사를 물려주려는 욕심, 아버지로부터 왕국을 이어받고 싶은 아들의 권력 의지에서 비롯된다. 소유가 주식시장을 통해 넓게 분산된 현대 자본주의체제에서 자기 것이라

216

고 할 수 없는 회사의 경영권을 자식에게 물려주기 위해서는 불법적 혹은 편법적 행위가 따를 수밖에 없다. 이 책을 쓰는 동안에도 이와 관련된 사건들은 끊임없이 일어나고 있다.

이재용 삼성그룹 부회장의 상속에 중요한 요인이었던 삼성물산과 제일모직의 합병을 위해 삼성바이오로직스의 주가를 띄우는 것이 필요했고, 이를 위해 회계가 조작됐다는 의혹이 사회적으로 큰 파장을 일으키고 있다. 회계가 조작됐다고 최종 판정이 나면 여기에 투자했던 투자자들이 크게 손해를 보고, 대외 신인도가 떨어지며, 외국 투자자들로부터 소송을 당할 위험도 있다. 그렇다고 사회정의상 이를 묵과할 수도 없다. 사회정의가 상속을 위해 이미 엎질러진 물인 삼성물산과 제일모직의 합병에 인질로 잡혀 있는 형국이다.

이 모든 일이 한 사람이 특정 기업의 이른바 총수가 되는 과정에서 일어나고 있다. 아파트에 사는데 위층에 사는 사람이 개인적인 문제로 계속 싸움을 하고 층간소음을 일으킨다면 같이 사는 주민들은 불편함을 느낄 수밖에 없다. 우리들은 재벌들로 인해 늘 이런 일들을 겪으며 산다. 시끄럽지만 도대체 어떻게 할 수가 없고, 매번 소동을 벌이는 이 엄청난 파워를 가진 주민은 소동을 멈출 의사가 없어 보인다.

물론 삼성바이오로직스 논란은 걸린 돈과 경영권 승계를 생각할 때 법정으로 갈 확률이 높아 보이고, 거기서 삼성 측이 고용한 거대 로펌의 변호 아래 잘못이 아니라는 쪽으로 결론이 날 가능성이 상당히 높다. 지금 진행되는 이재용 부회장에 대한 사법적, 행정적 절차들은 어찌 보면 사회적 물의를 처리하는 정치적 과정에 불과할지도 모른다. 결과는 어느 정도 예상되는 약속 대련일 수도 있다. 하지만 누군가가 법적으로 문제가 없다는 판정을 받고 감옥에 가지 않았다고 불법이 아닌 것은 아니다. 잡히지 않았고 공식적으로는 불법행위가 아니라고 판단을 받아도 실제적으로 불법행위인 경우는 너무나 많다. 살인을 실제로 한 사람이 형사재판에서 꼭 유죄판결을 받는 것은 아니다.

다시 기부의 문제로 돌아오자. 아무리 편법이나 불법으로 상속을 한다지만 그래도 종잣돈은 필요하다. 재벌 총수의 자식은 되도록 많은 돈을 모아야 한다. 그러기 위해서는 비상장 주식의 헐값 매수나 상속, 자신이 소유한 회사에 대한 일감 몰아주기 등 온갖 특혜적인 방법이 동원된다. 그들은 이렇게 마련한 돈으로 그룹 경영권을 확보할 수 있는 회사의 주식을 사야 한다. 그 과정에서 합법을 가장한 창조적 회계가 동원될 수도 있다.

여하튼 그들은 경영권 세습을 위해 최대한 많은 돈이 필요하다. 따라서 세금을 정상적으로 낼 수 없다. 여기에 우리나라 재벌들이, 죽을 때까지 자신은 물론 자신의 자식들까지 다 쓰지 못할 만큼 돈이 많지만, 외국 부자들처럼 혹은 김밥 할머니처럼 기부를 할 수 없는 이유가 있다. 돈을 따로 쓸 데가 있기 때문이다.

경영권의 세습에 말이다. 기부할 돈이 있으면 모아 놓았다가 상속을 하는 데 사용해야 하는 것이다. 시장경제 상황에서는 기형적이라고 할 수 밖에 없는 세습이 이런 식으로 이뤄지다 보니, 우리 사회에는 돈이 많은 사람일수록 세금을 덜 내고 기부를 덜해야 그 자리를 유지할 수 있는 악순환의 고리가 형성됐다. 반면 미국에서는 경영권 세습을 시장과 사회가 용납하지도 않고, 세금을 제대로 내다보면 어차피 지분이 줄어들기 때문에 세습을 포기한다. 그래서 자기가 여생 동안 쓰고도 남는 돈은 기부를 하게 된다.

이러니 한국에서는 물려줄 기업이 없는 김밥 할머니 같은 분은 기부를 할 수 있을지언정, 기업이 있는 사람은 기부를 할 수가 없다. 노블레스 오블리주는 늘 남의 나라 얘기인, 구조적으로 재벌의 아름다운 기부가 나올 수 없는 나라가 된 것이다. 이토록 자기 집안에서 돈을 새어 나가지 못하게 하는 데 급급한, 천박한 부자들이 많은 나라가 또 어디 있다는 말인가.

이쯤 되면 한국 자본주의의 모든 문제를 세습 탓으로만 돌린다는 반론이 있을 수 있겠다. 거듭 말하지만 문제의 전부가 아니고 상당 부분이 그렇다는 것이다. 여기서 세계 최고의 거부이자 기부가인 워런 버핏의 경우를 다시 보자. 그는 이런 말을 했다고 한다.

나는 내 자식들에게 무슨 일이든 할 수 있다고 생각할 만큼의 돈을 주겠다. 하지만 그들이 아무 일도 안 해도 된다고 생각할 만큼 많이 줄 생각은 없다.

                                    —1986년 〈포춘〉지와의 인터뷰

실제로 그는 세 명의 자녀들에게 20억 달러씩만(?) 상속했다고 한다. 나머지 수백억 달러는 모두 자선단체로 간다.

미국에서는 우리나라처럼 편법적으로 세금을 내지 않고 세습하기가 어려워서 자식에게 물려주지 않는 것일 수도 있지만, 어쨌거나 이렇게 자식에게 모든 걸 물려줄 수는 없다는 것을 안 사람은 행동이 달라진다. 살날이 얼마 남지 않았음을 새삼 깨닫게 된다. 죽을 때까지 이 돈을 쓸 수 없을뿐더러 자신의 분신인 자식에게도 마음껏 물려주지 못하는 것이다. 그리고 이미 물려준 돈만으로도 자식은 평생을 아쉬운 것 없이 살 수 있다.

이렇게 되면 자연히 주변 사람을 돌아보게 되고, 자식에게 주지 않는 나머지 돈을 사회에 주게 되는 것이다. 요즘 결혼식장에 가면 많은 돈이 들어간 결혼식일수록 많게는 수천만 원이 넘는 돈을 들여서 꽃으로 결혼식장을 장식한다. 그리고 혼주들은 하객들이 나갈 때 그 꽃을 선물로 준다. 꽃을 받아 들고 나오는 하객들, 특히 여자 하객들은 밥 대접 받은 것보다 더 기분이 좋아져서 결혼식장을 나선다. 혼주들 입장에서는 수천만 원어치의 꽃이지만 자기들이 다 누릴 수 없고 어차피 시들어 버릴 바에는 그것을 다른 사람들과 나누고픈 맘이 생기는 것이다.

하지만 우리처럼 모든 것을 자식에게 물려줘야 세습이 가능한 사회에서는 사회에 기부한다는 것은 바보 같은 일이 된다. 그것은 왕과 같은 지위를 누리는 재벌 총수 자리를 자식에게 물려주기를 포기하는 일이 된다. 기업을 아버지로부터 물려받은 사람은 다시 자기 자식에게 물려줘야 하기 때문에 최대한 돈을 아껴야 한다. 아니, 보통 사람들보다도 더 악착같이 돈을 모아야 한다. 나는 죽어도 재산은 가족 안에서 영원히 살아남기 때문이다.

조양호 전 한진그룹 회장에 대한 검찰수사에서 그가 2010년 10월부터 2014년 12월까지 인천 인하대병원 인근에서 고용 약사 명의로 약국을 운영해 건강보험공단 등에서 1,522억 원 상당의 요양급여 및 의료급여를 받은 혐의가 드러났다. 즉, 사무장 약국을 운영했다는 것이었다. 이런 뉴스를 접하는 일반인들의 마음은 착잡하다. 이렇게까지 해야 하나 싶은 것이다. 물론 한진그룹은 정석기업이 정해진 절차에 따라 약사에게 약국을 임대해 줬고, 약사는 독자적으로 약국을 운영했다고 주장하고 있다.

이런 풍토에서 우리나라 부자들도 다른 나라 부자들처럼 기부를 많이 해야 한다는 공자님 말씀은 아무리 해도 소용이 없다. 세습이 없어지지 않는다면 말이다. 김밥 할머니에 이어 최근에 다시 화제가 된 기부가가 있다. 이번에는 과연 기업인이었을까? 아니다. 이번에는 과일 장사를 한 분들이다. 평생 과일 장사를 해서 돈을 모은 노부부가 400억 원을 기부해서 화제가 되었다.

　이런 일이 화제가 될 때마다 우리의 재벌 총수들은 어떤 생각을 하는지 궁금하다. 그들에게는 매우 반갑지 않은 기사일 것 같다. 그들이 거대한 기업을 이어받으면서 낸 세금보다도 많은 돈을 김밥 장사, 과일 장사를 한 분들이 사회에 기부하는 일을 과연 그들은 어떻게 바라볼까? 과일 장사, 김밥 장사 기부가들은 기업총수 기부가들보다 아름다운 것이 사실이다. 하지만 21세기, OECD 국가인 우리나라에서 이런 분들밖에 큰 기부를 하지 않는다는 것은 슬픈 일이 아닐 수 없다.

　이렇게 돈 많은 사람들이 하는 기부는 사실 감동을 주는 것을 넘어서 상당한 사회적 효용이 있다는 점에서 더욱 아쉽다. 국가나 공공단체에서 하는 복지사업은 복잡한 절차를 동반할뿐더러 정작 필요한 곳에는 도움이 가지 않는 경우가 많다. 복지사업의 실질적인 효율성 역시 맘을 독하게 먹은 민간단체가 사업을 할 때 더 높다는 얘기이다. 조직화되고 유능한 대규모 민간 자선단체들이 많다면 우리 사회는 훨씬 살 만한 곳이 될 텐데 말이다. 그리고 무시해서는 안 되는 측면이 하나 더 있다. 진정한 사회통합은 극상류층으로 분류되는 사람들이 의무를 넘어선 본보기를 보여 주지 않고서는 이뤄질 수 없다는 점이다.

법치라는 사소한(?) 문제

한국 기업의 세습에서 사회적으로 곧잘 무시되는 부분이 법치의 문제이다. 불법이 너무 노골적으로 자주 일어나서 감수성이 둔해진 부분이다. 법치는 모든 사람에게 법이 평등하게 적용될 때 국민들이 납득을 하고, 비로소 가능해진다. 어렵게 장만한 조그만 상가나 사업체를 물려주면서 자식들이 상속세를 어떻게 낼 것인가 걱정하는 사람들 입장에서, 재벌 총수들이 거대한 기업의 왕권과도 같은 경영권을 물려주면서 자신이 내는 것보다도 적은 세금을 내는 것을 볼 때 무슨 생각을 할지는 뻔하다. 세금을 내는 것이 억울하고 자신도 탈세를 할 수는 없을까 생각할 것이다. 우리 사회에서 법치가 제대로 이뤄지지 않는 부분이 이것뿐은 아니겠지만, 문제는 재벌의 세습과 관련한 불법 논란이 도대체 개선될 조짐이 없다는 것이다.

이들은 비상장 주식이나 일감 몰아주기, 엄청난 부를 보장해 준 임원들과의 공모 등을 통해 법적으로 딱히 잡아 낼 수 없는 교묘한 방법으로 부를 이전하고 있다. 하지만 이것이 정상적인 나라인가? 도대체 언제까지 우리 국민은 이런 현상을 대마불사다, 외국 투자자들이 문제 삼아서 국익에 손해가 될 수 있다, 법적으로 확실히 입증이 되지 않는다 등의 이유로 계속 묵인해 줘야 하는가? 이 책에서 얘기한 경제적이고, 효율적이고, 사회정의적이고 … 등의 거창한 이유를 떠나서 정말로 지겹고 짜증나는 일이다. 너무나도 시끄러운 이 층간소음을 우리는 언제까지 참아 줘야 하는가?

절대로 묵인해서는 안 되겠지만, 그나마 명분이 있을 수 있다면 이렇게 불법적 혹은 편법적으로 사회적 물의를 일으키면서, 층간소음을 일으키면서 경영권을 세습한 재벌 후손들이 경영을 잘하고, 수출을 많이 하고, 또 고용을 많이 해서 국민 경제를 살찌울 경우일 것이다(사실 이렇다 해도 물질을 위해 영혼을 판 것 같은 자괴감이 사회적으로 들 것이다). 하지만 앞서 얘기했듯 이들이 회사에서 정상적으로 경쟁해서 능력을 키운 인재들보다 더 뛰어난 사업적 재능을 가질 생물학적, 환경적 가능성은 매우 낮다. 어렸을 때부터 극상류층의 삶을 산 사람들이 과연 부하 직원이나 보통 소비자들의 세계를 상상이나 할 수 있는지, 뛰어난 지도자가 될 수 있는지 의심스러운 부분도 있다.

다시 법치의 문제로 돌아오자. 재벌들의 세습으로 인한 부작용이 법치의 사회적 분위기를 훼손하는 것은 심각한 문제이다. 우리 사회에서 기업의 세습은 우수한 인재들이 그 대기업의 정상에 오르는 것을 막아서 국가 경제에 해를 끼칠 뿐 아니라 법치라는 민주주의의 기본을 해치는 중대한 요인으로 작용하는 것이다. 기업의 세습은 센 사람들은 법을 지키지 않는다는 인식을 국민 전반에 확산시키고, 결국은 그것을 지켜보는 국민들로 하여금 법에 대한 존중심을 잃게 만든다.

서초동 법원 앞을 지나다 보면 우리에게는 낯이 익지만 외국 사람들에게는 생소한 광경이 늘 펼쳐진다. 각종 현수막에는 특정 판사와 검사를 규탄하는 내용이 쓰여 있고, 천막 농성을 벌이거나 확성기를 트는 사람들도 있다. 우리가 사는 어떤 도시를 가도 아파트 외벽에는 정부의 법적 조치를 규탄하는 흉물스럽고 커다란 현수막들이 걸려 있다. '합법적'인 철거는 늘 '불법적'인 시위와 점거, 폭력과 부딪혀 물리적 충돌을 빚고 때로는 비극을 낳는다.

법과 법을 집행하는 국가에 대한 불신은 너무나도 심각한 문제이다. 사소한 교통위반부터 위장전입, 다운계약서 작성 등 필자를 포함해 우리가 별다른 죄의식 없이 저지르는 일들의 저변에는 법을 경시하는 생각, 왜 우리만 법을 지켜야 하느냐는 생각이 자리 잡고 있다. 그러다 보니 장관을 임명할 때 어느 정도의 위법은 봐주고 어느 정도는 봐주지 않아야 한다는 기준 아닌 기준이 나오는 창피스러운 일이 일어난다. 한마디로 큰 도둑놈들이 활개를 치고 살다 보니 근본이 없는 나라, 법이 정당성을 잃은 나라가 되었다. 재벌의 세습 같은 이른바 지도층의 편법에 대해 나라가 단호한 조치를 취하는 모습을 보여 주지 않으면서 우리 사회 전반의 법치와 민주화를 얘기한다는 것은 공허한 일이다.

결국 다시 한 번 물을 수밖에 없다. 우리는 도대체 언제까지,

왜 이런 세습을 용인해야 하는가. 우리가 얻는 것이 무엇인가 말이다. 우리에게 아무런 경제적 이익을 가져다주지 않을 뿐 아니라 법치에 대한 사회적 경시풍조를 조장하는데도 말이다. 재벌에 대한 사회의 헌신적 애정이라고밖에는 설명할 길이 없다.

투자를 하지 않는 이유?

기업이 투자를 하지 않는다고 한다. 법인세를 낮추고 온갖 규제를 없앤다고 하는데, 여전히 기업들은 투자를 하지 않고 유보금은 늘어만 간다. 기업이 투자를 하지 않고 경제가 발전하길 바라는 것은 공부를 하지 않는데 성적이 오르길 바라는 것과 비슷하다. 정부는 계속 저금리 정책을 유지하고 있다. 금리가 낮으면 기업이 투자를 더 해야 하는 것이 경제학의 기본이다. 그런데 어찌 된 일인지 기업들은 과거 금리가 10%를 넘었던 때보다도 투자를 하지 않는다. 그런데도 일부 언론에서는 규제가 많아서, 반기업적 정서 때문에 투자를 하지 않는다고 한다.

그런데 이쯤 되면 아무리 규제를 풀고 감방에 갇힌 총수들을 풀어 줘도 투자가 늘지 않은 것 같다는 생각이 들지 않는가? 대기업이 투자를 하길 기다리다 지친 정부는 이제 어차피 투자를 하지 않는데 법인세를 올려서 재정이라도 확충해야겠다고 나서고 있다. 그 돈으로 사회복지에 투자하거나 재정지출을 확대하는 것이 그나마 경제를 살리는 방법이라는 결론에 이른 것이다. 상당히 일리가 있는 얘기다. 문제는 정부의 돈이 국회의원들끼리 서로 짜고 합의되는 지역개발 사업이나 4대강 사업 같은 데 낭비된다는 것이지만. 어쨌거나 여기서 묻게 되는 질문이 있다. 법인세를 내리고, 충분하지는 않지만 계속 규제를 없애고, 금리도 낮게 유지하는데 왜 경제학 원론에서 배운 것처럼 투자는 늘지 않는 것일까?

많은 이유가 있겠지만 이 역시 세습과 무관하지 않은 것으로 보인다. 외환위기를 전후해 많은 재벌들이 몰락한 것은 주지의 사실이다. 그런데 그렇게 망하거나 망할 뻔한 재벌들의 공통점이 있다. 아버지로부터 물려받은 아들들이 무리하게 사업확장을 하다 어려움을 겪은 것이다. 이른바 레드오션에 대한 과잉투자가 결정적 역할을 했다는 것이다. 우리는 외환위기 당시 '중복투자'라는 말을 얼마나 많이 들었던가!

한때 재계 순위 5위까지 올랐던 쌍용그룹은 야심차게 추진한 자동차 사업 등에서 크게 손해를 보면서 그룹이 산산이 해체됐다. 소주 시장에서 부동의 수요기반을 자랑했던 진로그룹 역시 2세에게 넘어간 뒤 무리한 사세확장이 해체로 이어진 경우이다. 사실 진로그룹의 경우 진로소주라는, 국민 소주라고 해도 과언이 아닌 제품을 갖고 있었다. 시장에서 그토록 강력한 이미지를 확보한 제품은 보기 드물었지만 그런 회사도 망했다. 삼성그룹 조차도 이건희 회장이 강력하게 추진한 자동차 사업이 부진에 빠지면서 큰 어려움을 겪었다. 삼성자동차의 실패 당시 재계 전체에 만연했던 과잉투자가 외환위기의 한 원인이 되기도 했다.

사실 이렇게 과잉투자가 이뤄진 원인도 세습에서 찾을 수 있다. 아무것도 이룬 것 없이 총수 자리에 오른 이들 입장에서는 아버지 못지않은 업적을 보여 줘야 한다는 강박관념이 있었을 것이고, 그래서 과잉투자를 하게 된 것으로 짐작할 수 있다.

어쨌거나 한때 망할 수 없을 것으로 여겨졌던 대기업집단들이 넘어지고, 왕으로 군림하던 오너 일가들은 하루아침에 보통 사람으로 전락(?) 해 초라한 모습으로 살게 됐다. 재벌 후손 가운데는 심지어 자살을 한 사람도 있다. 물론 한 사람의 인생에는 복잡한 요소들이 작용하고, 목숨을 끊는 데도 여러 요인이 작용했을 것이다. 하지만 그 죽음을 바라보는 사람들 입장에서는 기업이 몰락한 것이 크게 작용했을 것이라고 생각하게 된다.

물론 이런 일은 외환위기를 전후해서만 일어난 것이 아니다. 지금도 일어나고 있다. 이 책을 쓰는 동안, 정확하게는 최종 원고를 넘기고 교정을 보는 동안에도 일어났다. 금호그룹이 막대한 부채를 견디지 못하고 아시아나항공을 팔고 오너 일가가 경영에서 손을 떼겠다고 선언한 것이다. 사실 금호그룹은 망하기도 힘든 회사이다. 우리나라에 국적 항공사는 두 개밖에 없다. 경쟁이 그렇게 치열한 분야가 아니다. 그런데도 망했다. 금호그룹이 해체된 데는 오너, 정확하게 말해 형제들 간의 분란 끝에 회장 취임에 성공한 박삼구 회장의 무리한 사업확장이 결정적으로 작용했다.

금호그룹 해체의 시작은 2006년으로 거슬러 올라간다. 대우건설을 무려 6조 4천억 원을 들여 인수한 것이다. 새우가 고래를 삼켰다는 말을 들으면서 예상가보다 2조 원을 더 써가면서 한 결정이었다. 금호의 투자는 여기서 그치지 않았다. 2008년에는 대한통운을 4조 원 넘는 돈을 써가며 사들였고, 재계 7위에 오르기까지 했다. 하지만 경영능력에 부치는 이런 무모한 결정들은 부메랑으로 돌아왔다. 박삼구 회장은 결국 직원들에게 이런 말을 남기고 경영에서 물러난다.

그룹 비상경영위원회는 피를 토하는 심정으로 아시아나항공을 매각키로 하였습니다. 이 결정으로 인해 아시아나항공 임직원 여러분께서 받을 충격과 혼란을 생각하면 그간 그룹을 이끌어 왔던 저로서는 참으로 면목없고 미안한 마음입니다. (중략) 아시아나 임직원 여러분, 이제 저는 아시아나를 떠나보냅니다. 여러분은 업계 최고의 대우를 받을 자격이 있습니다만, 고생한 시간을 보내게 한 것 같아 미안합니다. ─2019. 4. 15.

그리고 이런 전례들은 다른 재벌 2세와 3세들에게 공포스러운 학습효과로 작용했을 것이다. 투자를 해서 망하는 다른 재벌들을 보면서 지금 있는 것을 지키거나 크게 위험부담이 없는 소비성 내수 산업에 대한 투자를 늘리는 것으로 방향을 정했을 가능성이 있다. 투자는 아무나 하는 것이 아니다. 비전이 있어야 하는 것이다. 비전이 없는 채로 투자를 하면 빨리 망하고, 비전이 없어서, 그래서 무서워서 투자를 안 하면 서서히 망한다.

대기업들이 왜 동네 상인들의 상권까지 침범하느냐는 비판이 많은데, 그들이 그러는 것은 물론 돈이 돼서이기도 하지만 외국의 대기업들과 경쟁하는 데는 자신이 없지만 동네 상인들과의 경쟁에는 자신도 있고 그것 때문에 망할 일이 없기 때문은 아닌지, 의심이 간다. 이러다 보니 투자가 일지 않고, 투자를 한다 해도 내수 쪽으로만 집중돼 중소기업이나 상인들의 사업을 빼앗는 제로섬 부작용이 늘고 있는 것은 아닐까.

세습을 받은 2, 3세 경영인 입장에서는 일단 어디에 투자할지에 대한 비전도 없고, 주변에서 실패한 경우를 보면서 투자에 더 소극적이 될 수밖에 없다는 것이다. 이러다 보니, 회사 경영에서 남는 돈으로 내수산업에 진출하거나 부동산을 사는 데 열중해 정작 기업이 미래에 나아가야 할 곳에는 투자를 하지 않는다. 현대자동차가 그 많은 돈을 들여 강남에 건물을 하나 더 짓는 것을 어떻게 봐야 하겠는가?

의사결정을 하는 최고경영자가 투자에 대한 비전이 없는데 정부가 아무리 법인세를 낮추고 규제를 없앤다고 한들 투자가 늘 수는 없다. 기업의 경영자가 리스크를 감수하길 두려워하는데 투자가 일어날 일이 없다. 결국 한국 기업들이 투자를 하지 않는 데에는 세습도 한몫한 것으로 보인다.

제5장

대안은 무엇인가

세습주의에서 적자우선주의로

적자우선주의Meritocracy

소유가 분산된 대기업의 경영권 세습은 반진화적이고, 반시장경제적이고, 후진적이고, 반글로벌적이며, 심지어 비윤리적이기까지 하다. 하지만 늘 돌아오는 질문이 있다. 그렇다면 대안은 무엇인가? 우선 그 질문에 대한 질문으로 답을 시작하고자 한다. 그렇다면 대안 없는 비판은 해서는 안 되는 것인가? 이 책은 세습경영체제에 대한 완전한 모습의 대안을 담고 있지는 않다. 대안은 사회적 논의의 끝에 만들면 되는 것이다.

하지만 논의는 문제를 절감하는 데서 출발한다. 문제의식이 없다면, 현 상황에 대한 설득력 있는 비판이 제기되지 않는다면 대안을 찾으려는 움직임은 일어나지 않을 것이다. 뚜렷한 대안이 없기 때문에 이 체제를 할 수 없이 유지해야 한다는 주장은 근시안적이며 의도가 의심스럽기까지 하다. 이 책이 대안을 찾으려는 노력이 일어나는 것에 일조할 수 있다면 그것만으로 족할 것이다. 하지만 그렇다 하더라도, 대안의 대략적 방향에 대한 아무런 얘기 없이 끝맺는다면 책의 사회적 효용은 줄어들 수밖에 없다. 그래서 얘기를 풀어 보고자 한다. 그리고 대안 역시 각론보다는 상식적이고 보다 근본적인 차원에서 찾아보고자 한다.

한국에서 세습경영의 대안이 되는 보다 바람직한 상황이 일어나지 않는 것은 사회에 뿌리 내린 어떤 가치관 혹은 가치관의 부재에 근본적 원인이 있다. **제도나 법에서의 변화도 중요하겠지만 그에 앞서 사회적으로 가치관의 변화가 보다 중요하다는 것이다.** 그 변화는 매우 더디게 일어나겠지만 가치관의 변화가 필요하다는 인식 없이는 실질적인 변화를 가져오는 법과 제도의 변화도 어려울 것이다. 반대로 그런 인식만 있다면 사실 법적 개선책은 집단적 지성으로 얼마든지 해결 가능할 것이다.

이제 세습을 좀더 큰 그림 속에서 보고자 한다. 어떤 생각이 설득력을 갖고 사회적 행동지침이 되기 위해서는 제목, 네이밍naming이 필요하다. 앞서 우리나라에서 유독 세습이 근절되지 않는 이유로 능력에 대한 평등적 인식을 꼽았다. 그렇다. 능력에 대한 존중의식이 있다면 사실 세습은 가능하지 않다. 기업 총수라는 자리를 아버지가 누구라는 이유로 차지할 수도 없을 것이다. 능력과 관계없이 아무라도 그 일이 맡겨지면 할 수 있다는 근거 없는 자신감이 문제이다. 사회 전반에 있는 그런 의식이 바뀐다면 세습 말고도 우리 사회의 많은 문제들이 사라질 것이다.

바로 이런 관점에서 우리 사회에는 새로운 아이디어가 필요하다. 예전에는 국민소득 ○○달러 시대, 수출 ○○달러 달성 같은 수치적 목표만으로 가능했다. 반에서 꼴등 하던 학생은 노는 시간만 줄여도 중간까지는 올라갈 수 있다. 하지만 정말로 엘리트로 올라서기 위해서는 질적인 변화가 필요하다. **세습이라는 제도를 없애기 위해서는 보다 근본적인 가치관의 변화가 필요하다. 우리에게는 적자우선주의가 필요하다.**

경영권 세습이 나쁜 것은 국민들에게 주는 상대적 박탈감이나 불공평, 재벌에 대한 막연한 반감, 국민정서법 때문만은 아니다. 그것이 반시장경제적일 뿐 아니라 반자연적이고, 반진화적이고, 비효율적이며, 반실리적이기 때문이다. 바로 적자우선주의에 반한다는 것이 가장 큰 문제이다. '인간이 가지고 있는 능력에 의해 평가받는 것'이야말로 사회가 진화하는 원동력이다. 그렇게 인류는 발전해 왔고 그에 반하는 원리가, 외부성이 작용하는 사회는 그렇지 않은 사회와의 경쟁에서 뒤처질 수밖에 없다.

"쇼 미 더 머니"

그렇다면 적자우선주의는 무엇인가? 우리나라에서는 랩 경연 프로그램 이름으로 알려진 "쇼 미 더 머니show me the money"는 사실 영화 〈제리 맥과이어Jerry Maguire〉에 나오는 유명한 대사이다. 톰 크루즈Tom Cruise가 스포츠 에이전트로 나오는 이 영화는 크루즈가 자신의 애인으로 나온 르네 젤위거Renee Zellweger에게 한 대사 "당신은 나를 완성해You complete me"와 이에 대한 젤위거의 대답 "나는 당신이 '헬로'라고 했을 때 이미 당신을 받아들였어You had me at hello" 등 재치 있는 대사로 가득 차 있다. 하지만 그 가운데서도 가장 유명한 대사가 바로 "쇼 미 더 머니"다. 이 대사는 미국 사회에서 일상 회화의 일부가 됐다.

이 대사는 영화에서 미식축구 와이드 리시버 로드 티드웰로 나오는 쿠바 구딩 주니어Cuba Gooding Jr. 가 자신의 에이전트인 제리 맥과이어, 톰 크루즈와 거액의 계약을 따오는 것과 관련해 대화를 나누다가 내뱉은 말이다. 다시 봐도 포복절도할 정도로 재미있는 장면이다. 통화를 하던 중 티드웰은 자기네 가훈이라고 하면서 자신의 말을 따라하라고 맥과이어에게 요구한다. 그의 가훈은 다름 아니라 "쇼 미 더 머니"(내게 돈을 보여다오)였다. 사무실에서 통화 중이던 맥과이어가 남들의 눈을 의식해 작게 따라하자, 그는 진심을 담아 크게 외치라고 한다. "쇼 미 더 머니!"

배경음악으로 옆에 있던 녹음기로 노래까지 틀면서 돈을 보여달라는 말을 외치며 춤까지 춘다.

그가 크루즈에게 하고 싶었던 말은 "말은 헛것일 뿐이다. 너는 나의 에이전트이니 말보다는 나에게 큰 계약을 가져와 너의 능력을 증명해 보이라. 에이전트로서 너의 가치를 보여 주면 너를 인정할 것이다"는 것이었다. 크루즈는 결국 이 영화에서 구딩 주니어가 시키는 대로 "쇼 미 더 머니!"를 미친 듯 외쳐 댄다. 처음에는 다소 부끄러워하면서 하다가 나중에는 정말로 그 말을 마음으로 받아들인 듯 외친다.

그런데 이 장면은 복음주의 흑인 교회에 나온 신자가 성가에 맞춰 율동을 섞으면서 할렐루야를 외치는 장면을 연상시킨다. 실제로 구딩 주니어는 음악을 틀기까지 한다. 크루즈에게 진심을 담아 외치라고 하는 구딩 주니어의 말은 묘하게도, 진심을 담아 "아멘"으로 답하라는 목사의 말처럼 들린다. 구딩 주니어는 "바로 이것이 복음이다"라고 설교하는 목사처럼 이 말을 연호하고, 크루즈는 이에 "아멘"이라고 화답하듯 사무실에서 체면을 잊은 채 따라 외친다. 묘하게도 종교적이다.

그렇다. 그것은 현대 미국 시장경제의 경쟁사회를 사는 그들에게, **복음과도 같은 것이었다.** "쇼 미 더 머니!" 그러면 돈이 너를 자유케 할 것이다. 실제로 '자본주의에 대한 신앙심'이 깊은 미국인들은 그 외침에 큰 '감동 감화'를 받았고, 자본주의의 복음을 전한

쿠바 구딩 주니어에게 아카데미 남우조연상을 안긴다.

이 영화는 영어로 '목이 짤릴 듯한cut-throat' 경쟁사회에서 중요한 것은 결국 가족 간의 사랑이라는 주제를 담고 있다. 하지만 아이러니하게도 정작 이 영화에서 가장 강렬하게 남은 대사는 "쇼 미 더 머니"이다. 이 대사는 어쩌면 주제와는 정반대 의미를 담고 있다. 하지만 이 둘이 꼭 공존할 수 없는 개념은 아니라는 것을 보여 준 것이 이 영화의 묘미인지도 모른다. '결과로서 너의 가치를 보여 다오.' 효율과 성과에 대한 냉정한 평가마저 가족에 대한 사랑과 대치되는 개념이 아니라 조화될 수 있는 개념이라는 것을 녹여 낸 독특한 영화이다.

그런데 왜 이 말이 미국인들에게 그토록 강한 인상을 남겼을까? 미국 사람들이 일상 대화에서 "당신은 나를 완성해"라는 말은 좀처럼 쓰지 않겠지만 "쇼 미 더 머니"는 관용어가 됐다. 그건 아마도 미국인의 머리에 이미 박혀 있는 적자우선주의를 이보다 더 극명하게 보여 주는 말이 없기 때문일 것이다. 민주주의와 자본주의를 저해하는 요소를 제거하는 투쟁을 벌여 온 미국인들이 이에 대한 해답으로 택한 것이 적자우선주의인 것 같다. 한 사람을 오로지 장점과 성과에 따라 평가하는, 어찌 보면 냉정해 보이는 이 개념은 오히려 인종차별 같은 반인류적이고, 비민주적이며, 반시장적인 사회적 현상의 헛됨을 증명하는 가장 효과적인 수단이자 대안이 됐다.

이 책의 반복되는 주제는 공정하고 시장적인 것이 더 윤리적이라는 것이다. 인종차별은 나쁜 것이다. 그러니 하지 말아야 한다. 그냥 이렇게 말해서는 어쩐지 부족하다. 휴머니즘에만 호소하는 것보다는 그것이 실질적으로 우리에게 손해를 주는 개념이라는 것을 보여 주는 것이 그 개념을 척결하는 가장 좋은 방법일 것이다. 이상보다는 현실이 늘 가깝게 느껴지는 것이다. 그리고 이상이 현실적으로도 이익이 된다는 것을 상식적으로 설명해 줄 때 그 이상을 따를 가능성은 높아진다.

'피부색보다는 어떤 일을 할 수 있는가가 한 사람을 평가하는 기준이 돼야 한다. 그렇지 않으면 사회는 퇴보한다.' 지극히 시장적으로 보이는 이 개념이 인종차별주의라는 비윤리적 현상에 반대하는 가장 윤리적 개념이라는 것은 아이러니이다. 가장 시장적인 것이 가장 윤리적인 셈이다. "쇼 미 더 머니"는 바로 미국인들의 그런 심리적 코드chord를 건드렸고, 결과적으로 미국인의 일상 대화에서 관용화된 영화 대사가 됐다.

세습주의Heritocracy는 실제로 존재하는 말은 아니다. 이 책을 쓰면서 한국의 상황에 대해 생각하던 중 나름대로 만들어 낸 말이다. 21세기 자본주의·민주주의 국가 한국에는 아직도 세습주의, 세습에 의한 지도체제가 존재한다. 아니 존재하는 정도가 아니라 압도한다. 그것도 아주 중요한 분야에서. 부모의 공적 지위가 편법을 통해 자식들에게 대물림되는 사회에 우리는 살고 있다. 금수저니 흙수저니 하는 말이 대중에게 공감을 얻고 체념을 불러일으키는 사회, 한국 사회는 수십 년 전에 비해 오히려 이런 면에서 후퇴하고 있다.

예전에도 물론 빽 없는 사람의 설움을 토로하는 세태가 있기는 했지만, 빽이 없어도 자신의 노력으로 이룰 수 있는 기회가 상대적으로 더 많았던 것 아닌가. 예전에는 물려줄 것을 가진 사람 자체가 많지 않았기에 기득권층의 세대를 이어가기 위한 이익 방어가 크게 문제가 되지 않았을지도 모른다. 하지만 이른바 지도층이 자식에게 물려주고픈 부가 어느 정도 축적된 단계에 이르면서 우리 사회에는 이제 자신이 이룩한 것, 특히 공적인 지위를 자식들에게 물려주려는 현상이 많이 일어나고 있다.

부모들의 본능이 제도적으로 통제되지 않는다면 우리 사회는 역동성을 잃고 퇴보할 수밖에 없다. "쇼 미 더 머니"는 네가 얼마나 랩을 잘하는지 보여 달라는 의미로 한국에서 인기를 얻고 있다. 그 말이 주는 진정한 교훈은 '내가 이 정도야'라고 으쓱대는 데 있지 않다. '너의 가치를 결과로 보여 줘! 결과를 보여 주지 않는다면 다른 것은 다 소음일 뿐이야.' 그것이 이 대사가 주는 진정한 교훈이다.

"쇼 미 더 머니"와는 정반대되는 현상, 세습주의를 새삼 걱정해야 하는 이 낯 뜨거운 상황을 모른 척하고는 더 이상 앞으로 나아갈 수 없다. 한국 대기업 경영의 패러다임 전환을 고민해 봐야 하는 이유다. **세습이냐 번영이냐,** 우리는 선택을 해야 하고 행동을 해야 한다. 우리나라는 과거에도 그랬고, 앞으로도 개인의 장점과 능력을 최대한 쥐어짜야 생존할 수 있는 나라이다. 흔히 하는 말로 자원이라고는 인적 자원밖에 없기 때문이다. 물려받은 자가 아니라 능력 있는 자가 출세할 수 있는 사회적 분위기를 만들어야만 한다. 적자우선주의 시대로 가야 하는 것이다.

유일한 모든 메이저리그 팀 영구결번

그러면 가장 시장적인 것이 가장 윤리적인 사례를 보자. 1997년에 한 야구선수의 등번호가 미국 메이저리그의 모든 팀에서 영구결번으로 처리된다. 즉, 이후로는 어떤 선수도 그의 등번호 42번을 달지 못하게 된 것이다. 대개는 위대한 선수가 은퇴하면 그가 소속했던 팀에서 자체적으로 그의 등번호를 영구결번 처리한다. 하지만 해당 리그에 속한 모든 선수들이 그 번호를 사용하지 못하도록 하는 것은 극도로 이례적인 일이다. 아니, 이런 일은 야구를 포함해 미국의 어떤 스포츠에서도 처음 있는 일이었다.

그뿐이 아니다. 그를 기념하는 날이 되면 메이저리그의 모든 선수들은 그가 달았던 번호 42번을 달고 경기를 하면서 그의 업적을 기린다. '우리 모두 그와 같은 사람이다', '그의 시련과 시련의 극복을 함께한다'는 의미일 것이다. 야구선수에게 부여된 역사상 최고의 영예라고 해도 과언이 아니다. 그렇다면 이 같은 전무후무한 영예를 안은 사람은 누구일까?

미국 메이저리그를 national pastime, 즉 국가적인 소일거리로 만든 사람은 우리가 너무나도 잘 아는 베이브 루스Babe Ruth이다. 그의 홈런 기록은 깨졌지만, 지금도 대부분의 야구 전문가들이 그를 역사상 최고의 홈런 타자로 꼽는다. 그의 통산 타율은 무려 3할 4푼 2리. 지금 같으면 정규시즌에서 타율 1위를 할 수 있는 기록인데, 그의 경우 통산타율이 이 정도이다. 투수로서도 뛴 그의 생애 방어율은 2.28이라고 한다. 7번이나 소속 팀을 우승시켰고, 투수로서는 방어율왕에 오르기도 했다. 만화에나 나올 법한 기록들이다. 그는 뉴욕 양키스New York Yankees를 모든 스포츠를 통틀어서 세계 최고의 프로 구단으로 만든 선수이기도 하다. 하지만 42번은 그의 등번호가 아니다. 그는 3번을 달았고, 그의 등번호는 양키스만이 영구결번 처리했다.

이 번호는 베이브 루스에 필적하는 유일한 타자라는 테드 윌리엄스Ted Williams나 공·수·주를 모두 고려할 때 역사상 가장 완벽한 야구선수로 평가받는 윌리 메이스Willie Mays의 것도 아니다. 42번. 요즘 말로 전혀 '핵인싸'스럽지 않고 아웃사이더스러운 번호, 중요하지 않은 후보 선수에게 팀이 남은 것 중에서 줬을 법한 번호이다. 테드 윌리엄스는 9번, 미키 맨틀Mickey Mantle

은 7번, 데릭 지터Derek Jeter는 2번, 루 게릭Lou Gehrig은 4번을 단 것처럼, 위대한 선수들은 대부분 한 자릿수 번호를 부여받는다. 42번이라는 익명성, 무작위성에서도 알 수 있듯이 이 번호는 당시 천대받고 무시당한 선수가 달던 번호이다. 그는 바로 메이저리그 최초의 유색인종 선수 재키 로빈슨Jackie Robinson이다.

재키 로빈슨을 세습과 관련해 거론하는 이유가 있다. 이 책의 세습과 관련된 중요한 메시지는 '능력과 재능은 중요한 것이고 출생으로 결정되는 혈연이나 인종 같은, 그 어떤 표피적인 인간에 대한 분류에 앞서야 한다'는 것이다. 그는 바로 이런 진리를 누구보다도 명백하게 증명함으로써 사회를 바꾼 사람이다.

재키 로빈슨은 시대를 잘 타고 태어나기도 했고 잘못 타고 태어나기도 했다. 당시만 해도 메이저리그는 백인들만 뛸 수 있는 무대였다. 세이첼 페이지Satchel Paige 같은 투수는 흑백을 통틀어 역사상 가장 위대한 투수였을 것이라고 많은 사람들이 평가한다. 하지만 그는 흑인이라는 이유로 흑인들만 뛸 수 있는 니그로 리그에서 뛰었으니 그가 얼마나 뛰어났는지 객관적으로 알 길이 없다. 어쨌거나 그는 전성기가 한참 지난 42살이 돼서야 메이저리그에 신인 선수로 입성할 수 있었다. 그렇게 하고도 47살까지 투수로 활약했다고 하니 그의 재능을 짐작할 만하다.

반면 재키 로빈슨은 그에 비하면 운이 좋았다고 할 수 있다. 그는 페이지보다 늦게 태어난 덕에 20대의 나이에 메이저리그에

재키 로빈슨. 적자우선주의의 우월성을 입증한 인물이다.

데뷔할 수 있었다. 당시는 제 2차 세계대전이 끝난 뒤로, 흑인들이 백인들과 나란히 나라를 위해 참전하여 목숨을 바치면서 흑인들의 미국에서의 입지가 높아 가는 상황이었다. 이런 흐름을 놓치지 않고 활용한 구단이 있었는데, 바로 현재 류현진 선수가 뛰고 있는 LA 다저스LA Dodgers의 전신, 브루클린 다저스였다. 다저스 경영진은 태생에 의해 만들어진 인간에 대한 분류classification인 피부색을 넘어서 재키 로빈슨이라는 젊은이의 야구선수로서의 재능과 능력을 봤고, 과감하게 그를 영입하기로 결정한다.

그리고 미국 사람들 말처럼, '나머지는 역사가 되었다The rest is history'. 그는 데뷔한 해 메이저리그가 처음으로 도입한 신인왕 제도의 첫 수상자가 되었고, 나중에는 MVP가 됐다. 은퇴 후 메이저리그 선수들이 가장 선망하는 명예의 전당에 헌액된 것은 물론이다.

이런 점에서 재키 로빈슨은 시대를 잘 타고났다고 해야겠지만, 그렇지 않은 면도 있다. 당시 미국은 제2차 세계대전을 계기로 나아지고 있었다고는 하지만, 여전히 지독한 인종차별 국가였기 때문이다. 로빈슨은 유일한 흑인 선수로서 온갖 수모를 겪어야 했다. 그것은 마치 미국에 만연해 있던 인종차별적 정서가 그 추악한 에너지를 쏟아부을 출구를 재키 로빈슨에게서 찾은 것과 같았다. 그가 메이저리거가 된다는 소식이 알려지자 같은 팀 선수들은 물론 다른 팀 선수들도 파업을 하겠다고 위협을 했고, 선수가 된 뒤에도 그는 상대 선수들로부터 가혹한 태클을 당했다. 부상을 당하는 것은 물론이고 가는 구장마다 팬들로부터 '목화밭으로 돌아가라'는 조롱을 당해야 했다.

단순히 야구선수로서의 재능만 있었다면 그는 성공하지 못했을 것이다. 그렇지만 그에게는 다행히도 이 모든 부당한 고난을 이겨 낼 수 있는 인품과 내적 강인함이 있었다. 그에 대한 글들을 보면, 그는 전형적인 외유내강형이었던 것으로 보인다. 자신에 대한 부당한 차별에 분노로 맞서지 않고 높은 인품으로 대처

하면서 경기장에서 우월한 실력을 보여 준 것이 백인 주류사회에 조차 감명을 준 것으로 보인다. 그야말로 원조 "쇼 미 더 머니"였던 셈이다.

그는 무하마드 알리Muhammad Ali와는 다른 측면에서 흑인에 대한 고정관념을 깨는 데 지대한 역할을 하면서 인권운동의 한 부분을 담당했다. 그는 흑인 가운데에도 스포츠적 재능뿐 아니라 인품 면에서도 존경받을 만한 사람들이 있다는 사실을 미국 주류사회에 각인시켰다. 그것은 어느 민권운동 시위 못지않은 효과를 가져왔을 것으로 보인다. 당시 한 여론조사에 따르면 그는 가수 빙 크로스비에 이어 두 번째로 인기 있는 유명인이었다고 하니, 그가 백인들에게 남긴 인상이 어땠는가 짐작할 만하다. 재키 로빈슨의 메이저리그 데뷔는 단순한 스포츠적 사건을 넘어서 미국 민권운동사에서 매우 중요한 분기점으로 평가된다. 그것마저 계산했는지는 모르지만, 결과적으로 다저스는 능력뿐 아니라 인품 면에서도 가장 적합한 선수를 사상 최초의 흑인 메이저리거로 영입한 것이다.

이 책의 주제와 관련해 더 중요한 것은 재키 로빈슨이라는 한 인물의 감동적인 일생보다는 다저스의 관점이다. 많은 경우, 가장 윤리적인 행동이 가장 효율적이라는 것이다. 다저스는 여기서 매우 용기 있는 일을 했고 관계자들은 높이 평가받아야 한다. 실제로 로빈슨을 기용한 데는 당시 다저스 단장general manger이 인종차별에 반대하는 독실한 기독교인이었던 점이 작용했다고 한다. 사회적 평등을 믿었던 그는 다른 사람들의 반대에도 불구하고 로빈슨의 영입을 밀어붙였다.

하지만 이 용기 있는 결정은 매우 영리하고 효율적인 결정이기도 했다. 다저스는 이 윤리적인 동시에 효율적인 결정으로 대단한 혜택을 보게 된다. 로빈슨 영입 이후 다저스는 10년간 전성기를 누렸으며, 로빈슨의 활약에 힘입어 6번이나 월드시리즈에 올랐고, 한 번 우승을 했다. 다저스가 오늘날 양키스와 카디널스에 이어 최고의 명문구단으로 평가받는 기초가 이때 놓인 것이다. 우리가 재능이나 능력과는 상관없이 인간에게 주어지는 분류를 넘어설 때 실질적으로 이익을 볼 수 있다는 것을 보여 주는 사례라 할 것이다.

재키 로빈슨은 역사상 가장 뛰어난 야구선수는 아니다. 그 자리는 베이브 루스와 윌리 메이스, 테드 윌리엄스가 차지하고 있다. 하지만 그의 등번호 42번만이 모든 팀에서 영구결번 처리된 것은 무슨 이유일까? 그것은 물론 상당 부분 인종차별에 대한 미국이란 나라의 강력한 메시지이자 국가적 차원의 반성일 것이다. 휴머니즘적 측면에서 부당한 차별에 맞서 승리한 한 인간에 대한 존경의 표현이라고 봐야 할 것이다.

하지만 거기에는 또한 미국이라는 나라의 생성 및 발전과 관련된 효율성에 대한 그들의 신념이 작용한 것은 아닐까. **피부색**

처럼 출생에 의해 결정되는 요인보다는 이 사회에 어떤 공헌을 할 수 있는가에 의해서 한 사람의 가치가 결정된다는 것이야말로 미국이 다른 나라보다 빨리 발전할 수 있었던 원동력이고, 멜팅 포트melting pot 의 또 다른 작동 원리일 것이다. 인종과 출신국가를 초월해 미국의 발전에 기여할 수 있는 능력만 있다면 미국인이 될 수 있다는 원리 말이다. 그런 이념을 인생으로 보여 준 사람을 기념하는 것이야말로 보편적 휴머니즘을 넘어 적자우선주의에 대한 미국인들의 잠재의식에 부합하는 행위일 것이다. 결국 이 고매한 인품의 야구선수는 민권운동과 함께 적자우선주의를 상징하는 인물이다. 42번을 모든 구단에서 영구결번 처리한 것은 야구를 넘어서 미국의 정체성에 부합하는 국가적 행위인 것이다.

글로리 로드로 가자:
비전은 용기이다

여기서 간과해서는 안 되는 부분이 있다. 로빈슨을 기용하기로 결정한 데는 다저스 구단의 효율성에 대한 냉철한 계산과 윤리적 우월성이 작용하였다. 하지만 이를 실제로 시행하기 위해서는 고정관념과 관행을 넘어서는 용기, 어찌 보면 독불장군 같은 믿음이 필요했다는 것이다. 이런 모든 것들이 대박을 친 다른 사례를 살펴보자. 우리 기업도, 나아가 사회도 리더를 선정하는 데 이런 사고를 적용한다면 대박을 치는 사례가 여기저기서 나올 것이다. 경제가 나아지는 것은 물론이다.

재키 로빈슨이 아닌, 그를 기용한 사람들의 측면을 좀더 자세히 살펴볼 필요가 있다. 세습의 반대가 되는 사회는 그러면 어떤 사회인가? 재능 있는 사람들을 마른 걸레 쥐어짜듯 톡톡 털어 사용하는 사회일 것이다. 그 사회에 주어진 잠재력을 최대한 활용하는 사회, 그것을 할 수 있는 사회는 비이성적 이유로 사람을 기용하는 사회보다 앞서갈 수밖에 없다. 다시 말하지만, 100% 늘 앞서갈 수밖에 없다. 예외 없이!

시장경제의 첨단을 달리는 미국에도 인간의 비합리성에 기반한, 경쟁을 저해하는 요인들이 없었던 것은 아니다. 우리나라에 세습이라는 요인이 있다면 미국에도 인종차별 같은 비이성적 문제들이 있었다(지금도 예전보다는 적어졌지만, 존재하는 것은 사실이다). 우리나라에도 소개된 〈글로리 로드Glory Road〉라는 영화에는 당시 상황이 잘 나와 있다. 1960년대 한 대학 농구팀의 실화에 바탕을 둔 이 영화를 민권운동과 휴머니즘, 그리고 감성적 측면에서만 본다면 중요한 부분을 간과하는 것이다.

농구도 다른 스포츠와 마찬가지로 경쟁자에게 이기는 것이 지상목표이다. 그렇다면 이를 달성하기 위해서는 어떻게 해야 할 것인가? 당연히 가장 빠르고, 가장 높이 뛰고, 가장 슛을 잘하는 선수들을 기용해야 하는 것이 시장의 논리이다. 하지만 당시 미국 대학농구는 이 너무나도 당연해 보이는 시장 논리를 무시하고 있었다. 세습처럼 태어났을 때 이미 결정된 요소인 피부색이라는 비합리적 요인, 외부효과가 시장 논리를 가린 것이다.

사실 미국에서 흑인이 어떻다는 식의 일반화를 하는 것은 매우 위험한 일이다. 흑인은 수학을 못한다는 식으로 얘기한다면 인종차별적인 일이 될 것이다. 그 일반화가 흑인의 장점에 대한 것일지라도 매우 조심스러워진다. 장점에 대한 일반화를 인정하면 역으로 단점에 대한 일반화도 가능해지기 때문이다. 그래서 보스턴 셀틱스Boston Celtics의 전설적인 포워드 래리 버드Larry Bird가 흑인들이 더 빠르고 농구는 흑인들을 위한 운동이라고 얘기했을 때(그는 상대팀 감독이 자신을 수비할 선수로 백인을 내보내면 자신의 공격 능력을 과소평가하는 것이라며 불쾌해 했다고 한다) 가장 조심스러운 반응을 보인 것 역시 흑인들이었다.

하지만 흑인이 전반적으로 볼 때 백인이나 아시아 인종보다 더 빠르고 점프력이 좋다는 것은 대부분 인정하는 부분이다. 래리 버드는 다른 사람들이 대부분 맞다고 생각했지만 눈치를 보면서 하지 않았던 말을 했을 뿐이다. 그가 틀렸다면 올림픽 100미터 달리기 우승자가 항상 흑인인 것은 어떻게 설명하겠는가?

이런 사실을 당시 미국 사람들이라고 몰랐을 리가 없다. 그럼에도 불구하고 당시 미국 대학농구에서는 흑인을 선수로 기용할 수는 있었지만, 선발선수 5명 가운데 백인이 1명 이상 꼭 끼어야 했다. 사실 이런 관행은 지금으로서는 상상도 할 수 없는 일이라고 생각하겠지만, 불과 얼마 전만 해도 이런 일이 일어났다. 심지어 1980년대까지도 프로와 대학 농구에서 불문율처럼 지켜졌다. 매직 존슨Magic Johnson이 전성기를 구가한 1980년대의 LA 레이커스에는 커트 램비스Kurt Rambis라는 백인 파워포워드가 늘 뛰었다. 나머지 네 명은 카림 압둘 자바와 제임스 워디James Worthy를 비롯해 모두 명예의 전당에 들어갈 정도로 뛰어난 흑인 선수였다. 램비스는 그저 '좋은' 선수로서 다른 '위대한' 선수들에 뒤졌음에도 늘 선발선수로 뛰었다. 그리고 그는 블루칼라 선수, 즉 빛나지는 않지만 팀에서 험한 일을 도맡아 해주는 훌륭한 선수로 칭송받았다. 그의 기용은 그렇게 합리화됐다.

하지만 진실은 '이런 기용은 스포츠적인 것이 아니었다'는 것이다. 그의 기용은 대부분 백인이었던 시청자들이 농구선수들과 동질감을 느끼도록 하기 위한, 상업적인 동기에서 비롯된 것일 수 있다. 결국은 인종적 동기이다. 물론 경기에서 이기는 것이 스포츠의 지상목표이고, 팬이 가장 바라는 것은 자신이 응원하는 팀이 이기는 것, 따라서 가장 상업적인 전술은 최고의 선수들을 기용하는 것임을 고려한다면 이런 인종적인 동기는 실질적으로 상업적이지도 않다. 근시안적인 상업적 동기이다. 여하튼, 이런 선수 기용 풍토는 농구를 하는 이유가 상대 선수를 이기기 위해서라는 것을 감안한다면 반목적적 관행이고, 부정적 외부효과임에 분명했다.

그런데 이 반시장적, 반경쟁적 관행에 처음으로 반기를 든 사람이 있었다. 텍사스웨스턴Texas Western이라는 조그만 시골 대학 농구팀에 부임한 돈 해스킨스Don Haskins라는 젊은 백인 코치였다. 관행대로 흑·백 선수를 함께 기용하던 그는 자신의 팀에서 가장 뛰어난 선수들은 흑인들이고 그 선수를 많이 기용할수록 승수를 챙긴다는 사실을 깨닫는다. 그리고 게임에서 이기고 싶다는 혁신적인(?) 생각을 한 그는 선발선수 전원을 흑인으로 내세우는, 당시로서는 말도 안 되는 대형사고를 저지르고 만다.

백인 주류사회의 경악과 비난에도 불구하고(지금도 다른 주에 비해서 상대적으로 그렇다고 할 수 있지만, 당시 텍사스는 미국에서도 인종차별이 심한 지역에 속했다) 그는 흑인 선수들을 기용했고, 전년도까지 무명에 가까웠던 이 팀은 아니나 다를까 승승장구하면서 전국적인 화제의 중심으로 떠올랐다. 결국 이 조그만 대학은 미국의 큰 대학들이 독점하던 NCAA 본선에 진출한 것은 물론이고 결승까지 오르는, 그야말로 영화 같은 상황을 만들게 된다. 그리고 그들은 운명의 장난인지, 역사는 때로는 드라마보다 더 드라마스럽다는 것을 보여 주기라도 하듯, 백인 우월주의자로 알려진 전설적인 농구 코치 아돌프 러프Adolph Rupp가 지휘하는 최고의 농구 명문 켄터키대를 만나고 만다.

켄터키는 당시 인종차별이 가장 극심했던 지역이다(두 대학이 모든 면에서 극과 극인데, 켄터키대 코치의 이름이 아돌프로, 스펠링은 다르지만 발음이 하필이면 역사상 최악의 인종차별주의자인 히틀러와 같은 것 역시 운명의 장난 같은 일이다. 아돌프라는 이름이 성명학적으로 안 좋은 것인지 …). 여기서 아돌프 러프 코치에 대해 설명할 필요가 있겠다. 그는 41년 동안 켄터키대 코치로 재직하면서 876승을 거둬 미국 대학농구 사상 5번째로 많은 승수를 올렸고, 승률로 따지면 남자 대학 코치 가운데 역대 2위에 오를 만큼 뛰어난 사람이었다. 20세기 초반에 이미 속공과 세트오펜스의 중요성을 깨닫고 도입한 그는 농구 전술의 혁신을 가져온 전략가로 평가받는다. 해스킨스와는 코치 경력 면에서 급이 다른 사람이었고, 켄터키대 역시 지금도 그렇지만 텍사스웨스턴대와는 농구라는 면에서 급이 다른 대학이었다. 외형적으로는 텍사스웨스턴대가 이길 수 없는 경기였다.

전원 백인 선발인 켄터키대와 전원 흑인 선발인 텍사스웨스턴대의 대결. 영화 같은 일이 벌어졌고, 결국 이 사건은 영화가 되고 만다. 인종차별주의자로 의심받지만 전략적으로는 역사상 가장 위대한 코치 중 한 사람으로 평가받는 아돌프 러프의 지휘에도 불구하고 전통의 농구 명문 켄터키대는 무명의 젊은 코치 아래 있었지만 우월한 운동능력을 지닌 텍사스웨스턴대를 이길 수 없었다. 리바운드와 스틸 같이 탄력과 스피드를 요구하는 부분에서 텍사스웨스턴대가 압도한 것이다. 농구(기업)라는 시장에서 가장 중요한 경쟁력은 '부모에게 어떤 색깔의 피부(핏줄)를 물려받았느냐'가 아니라 '더 빨리, 더 높이 뛸 수 있느냐'(기업을 운영할 능력이 있느냐)라는 너무나 당연한 사실을 해스킨스 코치는 실행하기로 결정했고, 대성공을 거둔다.

여기서 중요한 부분이 있다. 바로 개혁이나 혁신이라는 것을 하기 위해서는 엄청난 비전보다는 상식에 어긋나는 관례를 깰 용기만 있으면 되는 것인지도 모른다는 것이다. 흑인이 운동능력이 뛰어나다는 것은 누구나 아는 사실이었다. 비전이라고 추켜세울 만한 일이 전혀 아니었다. 하지만 관례에 얽매여 그대로 따르는 비효율이 세습경영을 포함해 우리 주변에는 얼마나 많은가. 가장 능력이 뛰어난 사람이 그 일을 할 수 있는 자리에 기용돼야 한다는 너무나도 당연한 진리가 무시되는 상황에서 너무나도 당연한 일을 실행에 옮긴 사람이 성공할 수밖에 없었다. 하지만 거기에는 용기가 필요했다.

켄터키대는 백인 가운데 가장 뛰어난 선수들을 스카우트해 왔지만 흑인 선수들로 구성된, 그나마 톱클래스를 스카우트해 오지도 못한 작은 대학에게 지고 말았다. 텍사스웨스턴대의 우승은 이후 다른 대학들이 흑인 고등학교 선수를 더 적극적으로 스카우트하는 계기를 만든 것은 물론이고, 미국 스포츠계에 인식의 변화를 가져온다. 다른 대학들도 이기기 위해서는 더 이상 인종을 따질 수 없게 된 것이다.

사람을 제대로 기용하는 것과 그러지 않은 것의 차이는 우리가 생각하는 것 이상으로 클 수 있다. 그리고 그 결과는 우리를 새로운 세계로 이끈다. 〈글로리 로드〉는 그런 면에서 단순한 농구 영화가 아니다. 반시장적 요인을 고집하는 조직은 인간의 감정적 비합리성에서 비롯된 반시장적 요인을 극복하고 경쟁적 우월성을 존중하는 조직, 관례를 깨고 용기 있게 효율성을 추구하는 조직에 질 수밖에 없다는 것을 보여 준 것이다. 그러한 일은 역사적으로, 그리고 지금도 무수히 일어나고 있다. 수십 년이 지난 지금 우리나라 경제계, 구체적으로 대기업의 경영에서도 여전히 작용하는 진리이다.

1960년대 미국 대학농구에 존재한 백인 우월주의와 비슷한 일이 21세기 한국 경제계에서는 세습이라는 형태로 일어나고 있지 않은가? 경영자가 될 자질이 없는 사람이 아버지가 경영자였다고 해서 그 자리를 물려받는다면 아버지의 피부색이 하얗다고 해서 농구팀의 주전이 되는 것과 다르다고 할 수 있는가?

돈 해스킨스는 물을 것이다. 그래서야 어떻게 당신의 회사가, 한국보다 훨씬 앞서가는 선진국에서, 온갖 경쟁을 이겨내고 톱에 올라선 경영자들이 운영하는 외국의 거대 기업들과 싸워서 이기기를 바랄 것인가? 그것은 마치 이미 농구 명문인 켄터키대는 운동 능력에 따라 흑백을 가리지 않고 선수를 기용하는데 텍사스웨스턴대 같은 작은 대학이 백인 선수만을 기용하면서 켄터키대를 이기길 바라는 것과 같을 것이다.

결국 한국의 기업들은 백인만을 기용하는 켄터키대가 아니고 백인만을 기용하는 텍사스웨스턴대이다. 우리 기업들은 지금 우리 사회에서 가장 뛰어나고 창의력과 모험정신이 넘치는 인재들이 경영하고 있는가? 그렇게 한다면 우리 기업들은 마치 피부색과 관계없이 가장 뛰어난 운동능력을 갖춘 선수들을 기용했던 텍사스웨스턴대처럼 세계무대에서 앞서 나갈 것이고, 골리앗 같은 큰 경제들과의 경쟁에서 이겨 그 과실을 한국 경제로 가져올 것이다. 나라는 작지만, 시골에서 썩고 있던 조그만 대학이 그랬던 것처럼, 선진국을 향하는 길에서 멈췄던 도약을 다시 시작할 수 있을 것이다.

우리나라의 인재들에게는 여건만 주어진다면 세계시장에서 1등을 할 수 있는 가능성이 충분히 있다. 연예계를 보면 알 수 있다. 방탄소년단이 전 세계 팝시장에서 돌풍을 일으키고 있다. 영어로 노래가 안 되면 세계시장에서 성공하기 어려운 현실까지 극복했다. 기업의 세계에서도 최고의 인재들에게 기회를 주기만 한다면, 그런 사람들이 기업으로 몰려들도록 사회가 유도하기만 한다면 우리나라에서도 스티브 잡스 같은 기업가가 나올 가능성이 충분히 있는 것이다.

거듭 말하지만, 한국 경제의 문제가 거대기업들의 세습경영에만 있는 것은 아니다. 능력 있는 자들이 성공할 수 있는 효율적 환경을 저해하는 외부 요소들은 우리 사회에 이것 말고도 너무나 많다. 하지만 방 안에 있는 코끼리 같은 이 문제를 무시하고서는 발전은 매우 어려운 일이다. 대기업의 세습을 유지하면서 경제를 발전시키려는 것은 지름길을 피해 가면서 목적지에 빨리 닿으려는 것과 다를 바 없다.

LA 레이커스와 뉴욕 양키스

그렇다면 아버지 대에서 자식에게 넘어가는 과정에서 바람직한 모델은 어떤 경우가 있을까? 자식 대로 넘어갔지만 능력을 중시하는 경영으로 성공한 경우, 대안으로 참고할 만한 사례는 없을까 하는 것이다.

세습과 경영을 얘기하면서 생각나는 스포츠 프랜차이즈가 둘 있다. 이 둘은 아버지 대에서 성공한 조직이 자식 대로 와서 어떻게 성공을 이어 가는가 혹은 실패하는가를 보여 주는 단적인 예이다. 따라서 아버지 혹은 할아버지, 심하게는 증조할아버지 대에서 창업해 자손들에게 대기업 경영이 세습되고 있는 우리나라가 나아갈 바와 관련해 시사점이 많은 경우이다. 이 두 팀은 공교롭게도 필자가 가장 좋아하는 팀이기도 하다.

지금의 50대가 미국 문화를 접한 것은 〈주말의 명화〉나 〈명화극장〉 시간에 방영한 영화와 〈달라스Dallas〉나 〈초원의 집Little House On The Prairie〉 같은 미국 드라마들을 통해서였다. 중학교 때부터인가 주한미군 방송 AFKN을 보기 시작했는데, 지금은 미군 방송을 보기가 쉽지 않지만 당시에는 AFKN이 KBS, MBC와 마찬가지로 안테나만 달면 볼 수 있는 지상파였다. 방송 문화적인 면에서 지금과는 비교할 수 없을 정도로 열악했던 그 시절, AFKN은 선진국에서는 어떤 문화를 향유하는가를 알 수 있는 창문이었다. 거기에서는 세계 최고 수준의 것들을 볼 수 있었다.

　예를 들면 막 한국 프로야구가 시작되던 시기인 1980년대 초, 메이저리그 시카고 컵스Chicago Cubs의 론 세이Ron Cey라는 3루수가 자신에게 강습으로 오는 볼을 잡아서는 무릎을 꿇은 채로 1루에 송구해서 타자를 아웃시키는 것을 보고는 입이 떡 벌어진 기억이 있다. 그런 플레이를 어디서도 본 적이 없었기 때문이다. 사람이 저런 플레이를 할 수 있다니 ….

　AFKN에서 방영되는 영화나 드라마는 한국 방송에서 소개되는, 성우들이 더빙한 한물 지난 미국 것들보다 훨씬 더 동시대적이었을 뿐 아니라, 스포츠나 뉴스 등 한국 방송에서는 소개되지 않던 프로그램도 볼 수 있어서 하나의 문화적 충격이었다. 영어를 알아들을 수 없다는 사소한(?) 문제가 있었으나, 스포츠 같은 경우 청각 메시지보다는 시각으로 전해지는 재미가 더 중요했기 때문에 참고 볼 만했다.

여하튼 그렇게 미국 스포츠를 보면서 좋아하게 된 팀이 둘 있다. 농구에서는 LA 레이커스이고, 야구에서는 뉴욕 양키스이다. 두 팀 모두 해당 종목에서는 미국 최고의 명문이다.

먼저 레이커스. 레이커스를 먼저 얘기하는 이유가 있다. 한국 경제와 기업을 닮았기 때문이다. 원래 보스턴 셀틱스가 최고 명문 팀이었지만, 1980년대 이후 나타난 두 선수로 말미암아 레이커스는 셀틱스를 누르고 최고의 명문으로 올라설 수 있었다.

먼저 등장한 선수는 매직 존슨이다. 당시 포인트가드로서는 파격적으로 큰 키(206센티미터)였던 존슨은 레이커스에 드래프트되자마자, 그것도 첫 시즌에 리그 우승이라는 전무후무한 성과를 달성한다. 레이커스는 제리 웨스트Jerry West, 월트 체임벌린 Wilt Chamberlain, 오스카 로버트슨Oscar Robertson, 카림 압둘 자바 등 그야말로 전설적인 선수들이 즐비했음에도 불구하고 번번이 보스턴 셀틱스의 벽을 넘지 못한 저주받은 팀이었다. 그런데 존슨이라는 20살 남짓한 어린 선수는 그런 저주가 어디 있냐는 듯, 프로선수가 되자마자 팀을 우승시키고 만다. 그는 심지어 대학교를 2년만 다닌 뒤 중퇴하고 프로에 데뷔한 애송이였다.

그는 줄리어스 어빙Julius Erving이라는 당대 최고의 선수가 뛰는 필라델피아 세븐티식서스Philadelphia 76ers와의 결승전에서 카림 압둘 자바가 부상으로 센터로 뛰지 못하게 되자 자신의 포지션인 포인트가드 대신 센터를 맡아서 무려 42점을 넣으면서 기어이 팀을 승리로 이끌고 자신은 MVP에 오른다. 이후 그는 숙적인 보스턴 셀틱스마저 결승전에서 이기면서 팀을 5차례나 우승시킨다. 존슨 덕에 레이커스는 만년 2등의 굴레를 벗어나, 오히려 셀틱스를 앞서는 최고의 명문이 됐다.

이후 존슨의 시대가 지나가고, 레이커스는 한동안 우승을 못 하고 있었다. 그러던 중 1996년 레이커스는 샬럿 호네츠Charlotte Hornets 구단에게 신의 한 수 같은 제안을 한다. 당시 센터로서 훌륭한 기량을 보이던 블라디 디박Vlade Divac을 샬럿 호네츠로 보내 줄 테니 신인 드래프트 1라운드 때 자신들이 요청할 선수를 드래프트한 뒤 트레이드하라고 제안한 것이다. 그리고는 그 선수 이름은 나중에 알려 주겠다고 한다. 그리고 드래프트 당일, 레이커스는 샬럿 호네츠에서 전혀 예상도 하지 못한 선수를 지명하라고 한다. 그 선수가 지금은 농구를 즐기지 않는 사람도 웬만하면 아는 코비 브라이언트Kobe Bryant이다.

레이커스는 당시 17살밖에 안 된 고등학교 졸업생을 1라운드에 지명한 뒤 자신들에게 트레이드하라고 요청한 것이다. 더구나 브라이언트는 가드였다. 당시만 해도 키가 큰 것을 우선시했기 때문에 센터를 먼저 드래프트하는 것이 관례였다. 가드로서, 그것도 고등학교를 졸업하자마자 프로에 입단한 것은 전례가 없는 일이었다. 더구나 기존의 뛰어난 센터를 포기하면서까지 무

코비 브라이언트. 별명이 블랙 맘바, 독사일 정도로 승부욕이 강하다.   사진: Keith Allison

명에 가까운 선수를 드래프트한다는 것은 대단한 모험이었다. 하지만 레이커스의 결정은 NBA 역사상 가장 뛰어난 드래프트이자 구단을 살린 결정으로 판명된다. 브라이언트는 이후 매직 존슨과 마찬가지로 레이커스를 5번 우승시킨다. 너무 어려서 부모의 동의를 얻고서야 프로 계약서에 사인할 수 있었던 이 무명의 선수는 역사상 가장 승부욕이 강한 농구선수로 기록된다.

세습에 관한 책에서 난데없이 레이커스 얘기를 꺼낸 데는 이유가 있다. 매직 존슨과 코비 브라이언트, 두 선수를 드래프트하는 데 깊이 관여하여 레이커스의 전성기를 이끈 사람에 대하여 얘기하기 위해서이다. 바로 제리 웨스트이다. 그는 백인 가드로만 따진다면 역대 최고로 꼽히는 득점력을 가졌고, 챔피언결정전에서 지고도 MVP에 선정될 정도로 뛰어난 선수였다. 그는 또 '미스터 로고logo'로 유명하다. NBA를 상징하는 로고에 그려져 있는, 농구공을 드리블하는 선수의 실루엣이 그를 모델로 디자인됐다고 해서 붙여진 별명이다. 하지만 그는 번번이 보스턴 셀틱스에 막혀 우승하지 못한 비운의 선수로도 꼽힌다.

제리 웨스트의 진가는 오히려 은퇴한 뒤에 나타난다. 그는 은퇴한 뒤 구단에서 스카우트와 단장을 맡았는데, 바로 이때 대학 2학년을 중퇴한 존슨과 고졸인 브라이언트를 선택하는 데 관여한다. 특히 고졸의 무명에 가까운 브라이언트를 트레이드한 것은 요즘 말하는 아웃 오브 박스적인 사고였다. 레이커스를 미국 최고의 명문 구단으로 만든 것은 존슨과 브라이언트, 두 명의 선수였지만, 이를 가능하게 한 것은 이들을 선택한 웨스트의 탁월한 혜안이라 할 것이다. 두 선수가 나왔던 드래프트에서 다른 선수들, 특히 센터 포지션의 선수를 선택하는 것이 관례적이고 '안전한' 결정이었지만 그는 남다른 통찰력을 보인다. 그래서 레이커스 역사상 가장 중요한 사람을 한 명만 꼽으라고 하면 매직 존슨이나 코비 브라이언트, 제리 버스 대신 제리 웨스트를 꼽는 사

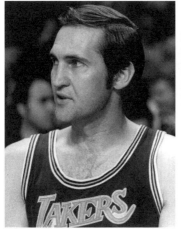

제리 웨스트의 선수 시절(왼쪽)과 단장 시절(오른쪽).
그는 역사상 가장 위대한 농구 중역으로 불린다.

람들이 많다. 그야말로 전문적인 경영인이 한 조직을 살린 대표적 케이스라 할 것이다.

그런데 레이커스의 요즘 상태가 매우 처량하다. 레이커스를 사랑하는 사람으로서 이토록 망가진 팀을 보는 것은 매우 슬픈 일이다. 웬만한 선수들은 아무리 돈을 많이 준다 해도 레이커스에서 뛰기를 거절한다고 한다. 우승 가능성이 없는 팀에서는 뛰고 싶지 않다는 게 이유라는 것이다. 최근에 르브론 제임스Lebron James가 이런 레이커스를 동정해서인지, 혹은 이렇게까지 망가진 명문구단을 살린 구세주로 기록되기 위해서인지 레이커스를 선택했지만, 골든스테이트 워리어스를 이기고 과거처럼 우승하는 것은 지금으로서는 상당히 어려운 일처럼 보인다. 그런데 레이커스가 쇠락의 길을 걷기 시작한 것은 언제부터일까? 그것은 공교롭게도 제리 웨스트가 단장직을 그만두고, 레이커스의 구단주인 제리 버스의 자녀들이 경영 일선에 나서면서부터이다.

여기서 제리 버스Jerry Buss라는 사람에 대해서 얘기할 필요가 있겠다. 제리 버스는 미국의 프로스포츠 종목을 통틀어 가장 유능했던 구단주라는 평가를 받는 사람이다. 그야말로 자수성가해서 미국 최고 명문 팀의 구단주가 된 사람이기 때문이다. 우리나라 기업으로 따지면 이병철, 정주영과 같은 사람이라 할 것이다. 화학박사 학위를 가진 그는 특이한 경로를 거쳐 레이커스의 구단주가 된다. 학교에서 가르치는 것으로는 수입이 부족했던 그는 교직을 계속하기 위해 부동산 사업을 시작했는데, 여기서 뛰어난 사업 수완을 발휘하면서 큰돈을 벌었고, 그 돈으로 레이커스를 사들인 것이다. 레이커스는 그가 사들이자마자 우승하기 시작해, 그가 구단주로 있는 동안 무려 10번을 우승하는 기염을 토한다.

그는 프로 도박사로 활동할 정도로 명석했지만 전문 경영인들의 말을 경청했다. 그는 무엇보다 사람을 알아보는 눈이 뛰어나, 웨스트 같은 사람들을 주요 의사결정을 내리는 자리에 앉혔다. 그리고 뛰어난 도박사답게 남들이 모험이라고 하는 선택을 경영진이 건의할 때, 그 가능성을 알아보고 승인했다. 그리고 그런 선택들은 프로구단 사상 유례없는 황금기로 결실을 맺는다.

문제는 그의 건강이 나빠지고 아들과 딸이 구단 운영에 나서면서 생겨나기 시작했다. 구단 운영을 놓고 버스의 자녀들과 의견 충돌이 있었던 것으로 알려진 제리 웨스트는 결국 건강상의 이유를 들어 레이커스를 떠났다. 이 과정에서 웨스트와 구단주 일가 간에 어떤 갈등이 있었는지는 정확히 알려지지 않았지만, 조직을 정상에 올려놓은 경영자와 그 조직을 이어받은 후손이 흔히 겪는 갈등이 레이커스에서도 일어났을 것이라고 충분히 짐작해 봄직하다.

이런 형태의 갈등은 동서고금을 막론하고 일어나는 일인 듯하다. 그리고 그 다음부터 레이커스의 내리막길은 시작됐다. 수많은 드래프트와 트레이드, 감독 기용의 실패가 이어졌고, 해가 질 것 같지 않던 레이커스 제국은 서서히, 그러나 처참하게 몰락하고 만다. 코비 브라이언트가 그의 마지막 챔피언 트로피를 들어 올릴 때만 해도 도저히 불가능할 것 같던 일, 레이커스의 몰락이라는 일을 그들은 해내고(?) 만다.

반면 제리 웨스트는 2011년, 작은 도시에서 별 볼 일 없는 성적을 거두던 프로구단의 중역으로 옮겨 간다. 그곳은 바로 오늘날 농구 팬들이라면 모두가 아는 골든스테이트 워리어스다. 그가 옮겨 간 지 4년 뒤인 2015년, 워리어스는 스테판 커리 등을 앞세워 창단 이후 처음으로 우승을 한다. 재미있는 것은 워리어스가 드래프트한 선수들 상당수가 대학을 졸업할 때는 크게 인정받지 못하다 프로에 와서 꽃을 피웠다는 점이다. 레이커스의 전성기와 마찬가지로, 선수를 알아보는 눈이 날카로운 사람들이 남들이 지나친 숨은 보석을 찾아냈기 때문에 가능한 일이었다.

골든스테이트 워리어스에서 파워포워드로 뛰는 드레이먼드 그린Draymond Green은 대학을 졸업하고 드래프트에서 35번째가 돼서야 선정될 정도로 주목받지 못한 선수였다. 하지만 지금 그는 워리어스의 핵심 멤버이다. 거친 외모와는 달리 매우 지능적이고 수비를 잘하며, 파워포워드임에도 포인트가드 역할을 하면서 공격을 조율할 정도로 만능 플레이어이다. 올스타에 매년 뽑히는 선수로 성장한 그는 대표적인 드래프트 성공사례로 꼽힌다. 앞서 소개한 클레이 톰슨을 다른 구단으로 트레이드하려는 움직임이 있을 때 잠재력을 믿고 기다려 보자며 말린 것도 웨스트였다고 한다.

농구의 경우 야구 등 다른 스포츠와 달리 대학에서 잘한 선수들이 프로에 와서도 잘할 확률이 굉장히 높다. 이변이 없고, 그만큼 남들이 못 알아보는 이른바 '흙 속의 진주'는 거의 없다. 그렇기 때문에 코비 브라이언트나 드레이먼드 그린 같은 선수를 발견해 낸 것은 선수를 보는 눈이 천재적이라는 것 말고는 설명할 길이 없다. 이 같은 모든 과정에서 제리 웨스트가 구체적으로 어떠한 역할을 했는지는 확실하지 않지만, 그가 가는 곳마다 기가 막힌 드래프트 결정이 이뤄지고 그 팀이 이른바 '왕국Dynasty'이 된다는 것은 우연치고는 심한 우연이 아닐 수 없다. 실제로 그를 미국 프로농구 사상 가장 뛰어난 중역이라고 부른다.

기존의 우승 멤버에 더해 또 다른 스타플레이어 케빈 듀란트까지 영입한 워리어스는 2017년에도 르브론 제임스가 이끄는 클리블랜드 캐벌리어스를 물리치며 우승했고, 골든스테이트 왕조라는 말까지 들어가면서 최강자로 군림하고 있다.

여기서 들 수밖에 없는 의문이 있다. 전문경영인인 제리 웨스트가 레이커스를 떠나지 않았다면, 제리 버스의 자녀들이 레이커스의 소수 지분이라도 웨스트에게 주면서 그를 붙잡고 경영권을 그대로 맡겼다면 과연 레이커스는 오늘의 상황까지 왔을까? 스테판 커리, 드레이먼드 그린이나 클레이 톰슨은 레이커스의 유니폼을 입고 있을지도 모르고, 레이커스는 두세 번은 더 우승하면서 매직 존슨 시대와 코비 브라이언트 시대에 이어 왕국 제3기를 구가하지 않았을까?

나락으로 떨어진 레이커스도 여기서 빠져나오려는 시도를 하지 않은 것은 아니다. 구단주 일가는 마침내 레이커스를 대표하는 선수, 매직 존슨을 사장으로 임명하고 이미지 회복을 시도한다. 매직 존슨이 구단 경영을 맡자 레이커스에 대한 시장의 신뢰도는 급상승했다. 르브론 제임스가 레이커스에 입단하기에 이른다. 그전까지 스타플레이어들이 레이커스에 들어오려 하지 않은 것은 구단의 비전을 믿지 않았기 때문이다. 그런데 전설인 매직 존슨과 만나 구단 운영에 대한 앞으로의 계획을 들은 제임스가 입단을 결정했고, 레이커스의 성적이 급상승한 것이다.

하지만 레이커스 구단주 일가의 무능은 고질이었다. 구단주가 존슨의 등 뒤에서 그를 공공연히 험담했다는 소문이 돌았고, 존슨은 2019년 4월 갑자기 사임을 발표하면서 농구계를 발칵 뒤집어 놓는다. 이에 가장 황당했던 것은 제임스일 것이다. 마지막 남은 전성기 몇 년을 레이커스를 우승으로 이끌며 보내려 했던 계획이 위기에 처한 것이다. 존슨을 믿고 왔는데 사임을 해버렸으니 … . 다음 시즌에 제임스는 과연 레이커스에서 뛰려고 할 것인가? 레이커스의 재기는 여전히 오리무중이다.

그렇다면 아버지에서 자식들에게 구단이 넘어가는 과정이 바람직하게 이뤄진 곳은 없을까? 우리가 참고할 만한 케이스 말이다. 명문 구단 가운데 레이커스만 구단주 자리가 아버지에게서 자식들에게 내려간 것은 아니다. 메이저리그 구단 뉴욕 양키스는 모든 스포츠를 통틀어서 세계 최고의 경제적 가치를 지닌 구단으로 평가받는다. 양키스는 창단 이래 무려 40번 아메리칸리그 우승을 차지했고, 27번 월드시리즈에서 우승했다. 당연히 모든 메이저리그 구단 가운데 가장 많은 횟수이다.

이런 뉴욕 양키스 역시 구단이 자식에게 넘어가는 상황을 겪었다. 현재 구단주인 할 스타인브레너Hal Steinbrenner에게 자리를 물려준 그의 아버지 조지 스타인브레너George Steinbrenner 역시 사업에서 돈을 벌어 1973년 양키스를 사들였고, 레이커스와 비슷하게 전문경영인인 진 마이클을 단장으로 영입해 왕조의 기틀을 마련했다.

사실 그 당시 양키스는 베이브 루스나 조 디마지오Joe DiMaggio가 뛰던 전성기와 비교하면 명성에 비해 우승을 그리 많이 하지는 못하던 상황이었다. 스타인브레너는 앞서 얘기한 제리 버스만큼 유능하다는 평가를 받지는 못한다. 구단을 인수한 초반에는 독단적이고 무리한 결정을 자주 했고, 팀의 성적은 저조했다. 하지만 나중에는 전문가들이 양키스를 운영하도록 결정권을 일부 넘겨줬고, 그때부터 양키스는 데릭 지터나 폴 오닐Paul O'Neill 등 우수한 선수를 드래프트 혹은 트레이드하는 성과를 낸다.

이 같은 일련의 영리한 의사결정은 결국 양키스가 2000년대 초반 잇따라 우승하면서 옛 영광을 되찾는 결과로 이어진다. 그 전까지는 돈만 앞세워서 한물간 스타플레이어들을 영입하는 데 치중했다면, 전문경영인들에게 실권을 맡긴 뒤부터는 데릭 지터나 마리아노 리베라Mariano Rivera 등 나중에 명예의 전당에 헌액될 정도로 뛰어난 신인 선수를 발굴하면서 장기적인 번영의 발판을 마련할 수 있었다.

하지만 조지 스타인브레너도 나이가 들고 건강이 악화되면서 은퇴를 하고 구단의 경영권이 아들들에게 넘어갔는데, 그 과정

2000년 월드시리즈에서 우승한 뉴욕 양키스. 전문경영인들이 발굴해 키운 선수들이 주축이 되어 우승을 차지할 수 있었다.

이 순탄치만은 않았다. 경영권을 이어받은 큰아들이 전문경영인들의 반대를 무릅쓰고 몇 번의 선수 영입을 했지만 돈만 들이고 성과를 보지 못한 것이다. 알렉스 로드리게스Alex Rodriguez의 재계약이 대표적인 실패 사례일 것이다. 레이커스와 양키스가 달랐던 것은 그 다음부터이다. 구단주 일가는 몇 번의 시행착오 끝에 결국 아버지 대에서부터 일해 온 전문경영인인 브라이언 캐시먼Brian Cashman 단장을 내쫓는 대신 그에게 의사결정의 대부분을 넘긴다.

그는 2000년대 초반에 양키스가 좋은 성적을 낼 수 있었던 바탕인 신인 발굴에 주력했고, 프리에이전트를 거액을 주고 영입할 때도 보다 신중을 기했다. 이후 양키스는 라이벌 보스턴 레드

삭스Boston Red Sox만큼은 아니지만, 꾸준히 좋은 성적을 내고 있다. 양키스의 경영이 잘못되었다는 지적을 찾아보기는 힘들다. 오히려 최근에는 연봉 총액은 줄이면서도 애런 저지Aaron Judge 같은 뛰어난 젊은 선수들을 발굴해 내 돈만 많은 것이 아니라 영리한 의사결정까지 한다는 평가를 받고 있다. 양키스에게는 앞으로 당분간 좋은 성적을 낼 것이라는 안정감이 느껴진다. 훌륭한 경영인들이 조직을 맡고 있기 때문이다.

양키스 얘기를 조금 더 해보자. 양키스는 이 책의 주제와 관련해 시사하는 바가 많은 팀이기 때문이다. 팀을 아버지에게서 물려받은 2세의 캐릭터 또한 그러하다. 우리가 나아갈 곳을 제시해 주는 것 같기도 하다. 지난 2016년, 미국의 스포츠 전문방송 ESPN이 운영하는 사이트에 재미있는 제목의 기사가 게재된다. 제목은 "나는 뉴욕 양키스의 구단주가 될 자격이 없다". 이 자극적인 말을 한 사람은 다름 아닌 조지 스타인브레너의 아들인 할이었다. 구단주가 자신에 대해 이런 말을 하다니 다소 충격적인 일이다.

그가 이런 말을 한 이유는 뭘까? 기자는 할에게 그의 아버지, 즉 사업으로 돈을 벌어서 양키스를 사들인 작고한 아버지에 대해 묻는다. 그러자 질문과는 다소 상관없어 보이는 그의 대답이 이어진다. 아마도 평소 가졌던 생각으로 보인다. "아버지는 열심히 일해서 이 모든 것을 이뤘죠. 하지만 나에게는 이런 것들이 특혜일 뿐입니다. 이건 특혜이고 나는 내가 뉴욕 양키스의 대표가 될 만한 일을 한 게 없다고 생각합니다. 성이 스타인브레너가 아니었다면 나는 양키스의 대표가 될 수 없었을 것입니다."

아! 얼마나 신선하고 솔직한 인정이고 현실 직시인가. 사실 이것이 신선하게 느껴지는 것은 어쩌면 잘못된 것인지도 모른다. 너무 당연한 사실을 얘기했는데 그것이 신선해야 할 이유는 없다. 하지만 우리는 당연한 것을 무시하는 세태 속에 살고 있지 않은가. 자기가 잘했거나 잘나서가 아니라 아버지를 잘 둬서 총수 자리에 올랐는데 그것에 대한 자격지심은커녕, 특권의식을 내세우는 사람들이 차고 넘치는 현실에서 보면 매우 신선하고 충격적이기까지 하다.

그는 양키스라는 구단을 인수하는 데 자신이 기여한 게 아무것도 없다는 것을 너무나도 잘 알고 그것을 인정한다. 우리나라의 재벌 2, 3세들이 마치 왕국의 왕자라도 되는 듯 특권의식을 갖고, 걸핏하면 폭행 사건을 일으키고, 주주들과 공동으로 소유하는 주식회사를 개인 소유 재산인 양 여기는 모습과는 너무나 비교되는 것 아닌가.

더구나 여기서 가장 놀라운 부분이 있다. 양키스는 상장된 주식회사가 아니다! 유한회사 형태로, 지분의 대부분을 스타인브레너 일가가 소유하고 있어 실제적으로 자신들의 것이라고 해도 무방하다. 그런데도 불구하고 그는 전문경영인을 내세우고 자신은 대부분 뒤에 물러서 있다. '나는 이 구단을 그냥 물려받은 것이지 내가 잘해서 이 자리에 오른 것은 아니다.' 할 스타인브레너처럼 이렇게 생각한다면 구단 경영에 임하는 자세는 달라질 수밖에 없다. 아버지가 일군 조직을 물려받은 상황에 대해 겸손해질 것이고, 자신보다 야구를 잘 아는 사람들의 의견을 경청하고 의사결정을 할 것이다. 심지어는 주식회사가 아닌 조직을 물려받았다 할지라도 소유하는 것과 경영하는 것은 다른 일이라는 상식을 이 사람은 너무나 잘 아는 듯하다.

중요한 것은 이런 가운데도 할 스타인브래너의 역할이 있다는 점이다. 그는 아버지의 경영에서 본받아서는 안 될 점까지 미리 생각해 둔 것으로 보인다. 때로는 전문경영인의 말을 무시하고 돈으로만 해결하려 한 아버지의 태도에서 개선점을 찾은 듯하다. 전문경영인의 말을 더 신뢰하되, 예산의 상한선을 두고 그 안에서 구단을 유지하는 것으로 자신이 역할을 찾은 것이다. 전문경영인이 잘하는가를 계속 주시함으로써 조직의 긴장도를 유지하는 역할 역시 그의 몫이다. 그리고 그의 이런 태도는 구단 운영에 변화를 가져왔다. 예산의 상한선을 제시함으로써 예산을 보다 효율적으로 쓰는 문화를 정착시켰고, 그 결과 돈이 덜 드는 신인 발굴 시스템이 엄청난 발전을 한 것이다.

어떤 회사의 소유권을 자녀들에게 '합법적으로'(여기서 합법적이라는 것은 재판을 통해 위법 사실이 밝혀지지 않았지만 실제는 위법인 경우를 제외한다) 넘긴다면 양키스와 레이커스의 사례는 눈여겨볼 만할 것이다. 이 책에서 얘기하고자 하는 점은 재벌 일가를 대기업에서 몰아내야 한다는 것이 아니다. 능력도 되지 않는 사람들이 혈통을 내세워 경영을 하는 현 상황의 황당함을 지적하고 개선점을 찾아야 한다는 것이다. 실제로 재벌 일가가 대기업에서 완전히 물러나는 것은 법적으로 가능하지도 않을뿐더러, 그러한 경우 경영자들의 도덕적 해이나 외국 자본에 의한 대기업 장악 등의 부작용이 예상된다.

하지만 초 단위로 세상이 바뀌는 21세기에 그들이 경영을 맡도록 무한정 내버려 두는 것은 국익에 반한다. 그들에게는 주주가치를 극대화하는 차원의 역할을 주고, 경영은 능력이 있는 사람들에게 맡겨야 한다는 것이다. 이에 대한 국민적 공감대가 형성된다면 그다음에는 이를 실현할 수 있는 제도적, 법적 방안을 찾을 수 있다. 다른 나라들의 경우를 참고하고 우리의 현실을 감안해 머리를 맞댄다면 충분히 가능한 일이다. 하지만 이를 위해서는 먼저 아주 중요한 전제가 있다. 현 시스템의 비효율과 반시장성에 공감하고 변화에 대한 요구가 강해져야 한다는 것이다. 그러한 과정 없이 다음 단계에 어떻게 해야 한다고 논쟁하는 것은 남녀가 만나자마자 어디로 신혼여행을 갈 것인가를 두고 논쟁하는 것과 다름없다.

거대한 조직을 운영한다는 것은 쉬운 일이 아니고, 아무나 할 수 있는 일도 아니다. 탁월한 재능은 물론이고, 개인의 생활과

즐거움을 포기할 정도의 일에 대한 헌신이 필요하다. 돈과 지위가 주는 풍요로움을 마음껏 즐기면서 대기업 경영자 역할도 제대로 하길 바라는 것은 어리석은 일이다. 아버지로부터 조직을 물려받은 자녀들이 그 한계를 받아들이고 자신보다 유능한 사람의 능력을 사용한다면, 그리고 자신들이 기용한 경영자가 제대로 일하는지 감독하고 평가하는 역할을 한다면, 아버지가 일군 조직이 계속 번영할 가능성은 그만큼 높아진다. 더불어 그들의 삶의 질도 높아질 수 있을 것이다!

그들이 물려받은 것은 '왕국'이 아니다. 수많은 사람들의 생계가 달려 있는 공적 성격을 가진 조직이다. 아니, 왕국이라 할지라도 훌륭한 신하의 도움은 필요하다. 그러지 않는다면 백성들은 굶주리고 나라를 빼앗길 수도 있다. 왕으로서의 지위는 누리되 왕처럼 독단적으로 결정하지는 않는, 최소한의 지혜와 상식은 필요한 것이다.

후계자와 《성경》

자본주의의 성인 버핏에서 시작한 이야기를 진짜 《성경》으로 마무리하고자 한다. 세습의 대안에 관한 그야말로 절묘한 이야기가 《성경》에 있다. 수천 년 전 이미 《성경》에 후대의 지도자를 어떻게 뽑아야 하는지, 특히 천재적인 창업자의 후계자는 어떻게 선정하는 것이 효율적인지를 기록해 놓은 것이다.

《성경》에서는 지도자의 후계 문제에 대해 어떻게 다뤘는가. 갑자기 《성경》을 들고 나오는 이유는 《성경》에 나오는 내용들 중에는 종교적이고 신비하다기보다 매우 현실적이고 지혜로운 것이 많기 때문이다. 《성경》에 나오는 최초의 지도자는 모세라 할 것이다. 그가 《성경》을 썼으니. 그런데, 유대인의 첫 지도자의 후계자가 어떻게 결정되는가는 신비로운 과정이 아니다.

모세는 정말 영화 속 남자 주인공과 같은 인생을 산 영웅적 인물의 전형이다. 이집트의 왕자로 태어나 살인을 하고, 무일푼으로 망명을 떠나고, 권토중래해 자기의 민족을 이끌고 바다를 가르고 탈출했으며, 광야를 헤매다 결국 자신의 백성을 약속된 땅으로 인도한다. 대하소설과 같은 인생이다. 이것만 해도 역사상 최고의 지도자라 해도 과언이 아닌데, 심지어 그는 신과 대화까지 한다!

하지만 그도 약속된 땅을 목전에 두고 들어가지는 못한 채 죽는다. 신의 섭리는 아마도 '새 시대에는 새로운 지도자가 필요하다는 것'에 있는 듯하다. 하지만 여기서 주목하고자 하는 부분은 이보다는 모세의 후계자인 여호수아가 선정되고 그에게 임무가 부여되는 과정이다. 〈민수기〉 27장 15절부터 나오는 글이다.

모세가 여호와께 말씀드렸습니다. "모든 백성의 영이 되시는 여호와 하나님, 이 백성을 위해 좋은 지도자를 뽑아 주십시오. 그는 백성 앞에서 들어가고 나가야 하며, 양 떼를 치듯이 백성을 인도해야 합니다." (중략) 여호와께서 모세에게 말씀하셨습니다. "눈의 아들 여호수아를 데려오너라. 내 영이 그에게 있도다. 네 손을 여호수아에게 얹어라. 제사장 엘르아살과 모든 백성 앞에 여호수아를 세워라. 그리고 모든 백성이 보는 가운데서 그를 지도자로 세워라. (중략) 그를 제사장 엘르아살 앞에도 세워라. 그러면 엘르아살이 우림을 써서 여호와의 뜻을 여쭈어 볼 것이다. 그의 명령에 따라 이스라엘 백성은 들어가기도 하고 나가기도 할 것이다."

— 〈민수기〉 27장 15~21절

모세가 자신은 가나안에 들어가지 못한다는 신의 이야기를 듣고 그러면 유대인들을 위해 자신의 훌륭한 후계자를 세워 달라고 청한다. 그 결과 선택된 사람이 여호수아다. 여호수아는 이민족들과의 싸움이나 정찰 업무에서 공을 많이 세운 능력 있는 사람이었다!!! 느낌표를 여러 번 치고 싶다. 모세의 자식이 아니라 능력 있는 그의 부하였다!!! 다른 첩자들이 이민족의 힘이 너무 세서 우리는 도저히 상대가 되지 않으니 싸움을 하지 말아야 한다고 할 때 우리가 충분히 상대할 만하다고 정확한 정보와 분석을 제공한 인물이었다.

여기서 알 수 있는 것은 신이 직접 섭리하는 상황에서조차도 후계자로는 능력 있고 검증된 사람을 내세운다는 것이다! 엄청난 망나니였던 사람을 신이 선택하고 그가 갑자기 뛰어난 지도자가 되는 그런 일은 신이 홍해를 가르고 광야를 수십 년 헤매는 동안 백성들에게 매일 만나를 제공하는 기적적인 상황에서도 일어나지 않는다! 후계자를 선정하는 과정은 신화적이지 않았다. 신비하지도 않고 매우 냉정했다.

그런데 여기서 또 하나 흥미로운 일이 벌어진다. 신이 이렇게 훌륭한 후계자를 선정하면서도 그의 업무 영역에 제한을 뒀다는 것이다. 바로 인용 구절 마지막에 있는 제사장 엘르아살과 관련된 부분이다. 모든 백성들이 보는 데서 그를 지도자로 내세우라고 하면서도 정작 신의 뜻은 엘르아살에게 물어보라고 한 것이다. 종교적 지도자와 세속적 지도자의 지위가 있다고 한다면 모세는 두 개를 다 갖고 있었는데, 그의 후계자인 여호수아, 탁월한 능력에 신앙심까지 강한 그에게조차 신의 뜻을 묻는 일은 허락하지 않는다 한 것이다. 매우 재미있는 일 아닌가?

《성경》은 두말할 나위 없이 신의 영역에 관한 것이다. 여호수아에게도 두 가지 권한을 다 주는 것은 신의 입장에서 보면 매우 쉬운 일일 텐데 굳이 역할을 나눈다. 이것을 《성경》이 주는 지혜나 세상의 순리라는 관점에서 해석해 본다면, 모세 같은 걸출하고 천재적인 지도자가 두 번 연속 나오는 일은 홍해가 갈라지는 《성경》적 상황에서도 일어나지 않는다는 것이다! 신이 선택받은 민족을 세우는 긴박하고 절체절명의 상황에서조차 웬만해서는 허락되지 않는다는 것이다! 모세의 후계자는 여러 면에서 이미 검증된 사람이었지만 그마저도 자신의 한계를 알고 자신이 할 수 있는 분야에 집중해야 했던 것이다.

유대인들을 이집트에서 탈출시키면서 지도자 그룹으로 떠오른 모세, 아론, 미리암 3남매의 가족 지도체제에서 여호수아라는 전문적 능력이 입증된 지도자에게로 체제가 이양된 것도 주목할 만하다. 아론의 아들이 제사장 역할을 하고, 나라를 이끄는 전문 지도자의 역할은 가족이 아닌 여호수아에게 맡겼다. 아론의 아들은 지도자로 내세워진 여호수아가 신의 뜻을 제대로 수행하는가를 감시하는 역할을 맡았다는 것은 상당히 흥미로운 부분이다. 마치 이사회 의장과 대표이사의 관계, 나아가 소유와 경영의 분리, 소유자에 의한 경영자 감시를 연상시킨다.

《성경》의 〈민수기〉를 인용한 이유를 독자들은 눈치챘을 것이다. 우리의 재벌이 처한 상황에 대입하고자 하는 것이다. 우리나라에서는 모세에 해당하는 재벌 창업자들의 후계자들을 여호수아를 뽑듯 뽑지 않는다. 창업자들이 우리나라를 후진국의 영역에서 이끌고 나온 사람들이라면, 그들의 후계자들은 우리를 약속의 땅인 선진국으로 인도해야 하는 매우 중요한 사람들인데도 말이다. 우리는 지도자를 그냥 모세의 아들 중에서 뽑는다.

그리고 그렇게 뽑은 뒤에는 그들에게 모세와 같은 권한을 준다. 능력을 인정받은 여호수아조차도 완벽한 권한 이양을 받지는 못했는데도 말이다. 심하게 얘기하면 러시안 룰렛 같은 일 아닌가.

결국 이 책 전체를 통해 전하고자 한 메시지는 '능력 없는 사람들이 부모의 조직을 물려받아 이끄는 사회는 번영할 수 없다'는 너무나도 당연한 이야기이다. 이 너무나도 당연한 이야기를 장황하게 해야 하는 이유가 있다. 상식이 상식으로 받아들여지지 않고, 적자생존의 법칙이 외부요인들로 인해 무력화되는데도 방에 있는 코끼리에 너무나도 익숙해진 나머지 코끼리와 한 방에서 사는 상황을 불편하게 여기지 않는 현실 때문이다. 그것이 잘못됐다는 것을 우리가 '느끼는' 것이 매우 중요하다. 우리는 그것을 잠재의식적으로 모두 알지만, 느끼지 못하기 때문에 개선이 되지 않는다.

혁신은 앞에서 말했듯 대단한 아이디어가 아니라 너무나 당연하지만 관습 때문에 하지 못하는 일을 실행에 옮기는 용기에 다름 아닌지 모른다. 때로는 사회적으로 볼 때 윤리적인 일이 실리적이기도 한 경우가 있다. 대기업의 세습은 이 경우에 해당한다. 우리가 윤리적인 일을 하면 실리적인 일이 돼서 경제발전에 도움이 된다는 얘기다. 무능한 자녀들이 한국 경제를 책임짐으로써 경제가 정체되는 일이 사라지려면 국민들의 인식 자체가 바뀌어야 한다. 대기업이나 재벌을 소유한 사람들은 바뀌기 힘들다.

그들에게 주어진 권한과 혜택은 너무나도 특별해서 마약과도 같다. 이런 특권을 자신의 자녀들에게 물려주려는 것은 너무나 한국적인 본성이기도 하다.

드라마에 대기업 회장의 아들이 젊은 기조실장으로 나오면 그를 왕자님으로 볼 것이 아니라 무슨 자격으로 저런 중요한 일을 하느냐며 의문을 제기하고 화를 낼 정도로 국민의 인식이 업그레이드되어야 한다. 그리고 그들, 재벌 가문의 후계자들은 뉴욕 양키스의 할 스타인브래너처럼 자신이 잘나서 그 자리에 오른 것이 아니라는 현실을 깨달아야 한다. 평가는 냉정해야 한다. 그들은 과연 거대한 회사를 이끌 만한 재능과 인품이 있는가? 이제 우리나 그들이나 냉정하게 묻고 대답해야 하지 않겠는가.